Sheperd Smith

Interperszonális mediáció

Sheperd Smith

Interperszonális mediáció

Kapcsolat a legnagyobb Személlyel

Blessed Hope Publishing

Cover image: www.ingimage.com

Publisher:
Blessed Hope Publishing is a trademark of
 International Book Market Service Ltd., member of OmniScriptum Publishing Group
17 Meldrum Street, Beau Bassin 71504, Mauritius
Printed at: see last page
ISBN: 978-613-7-96679-2

TARTALOM JEGYZÉK.

Interperszonális mediáció.

Mit is jelent az Interperszonális mediáció?

Az interperszonális szó személyek között történő eseményekre utal, akár kommunikációra, akár munkára akár kereskedelemre is, míg a mediáció szó, két személy közötti közvetítőre.
Ez lehet két személy kibékítője, lehet két személy között árucsere lebonyolítását intéző személy aki akár az árak mértékében is alkuszik, és kommunikálhat, előadhat egy kulturális művet is. Ilyen módon tolmácsként vagy előadó művészként is hivatkozhatunk rájuk.
(Színészek.) Ám ez a könyv egy speciális témára összpontosít, méghozzá Isten és ember, a természetfeletti és az ember között mozgó és kommunikáló személy mint médium vagy köztes személy, aki szolgálataként vagy szolgálóként szolgáltatást nyújtó személyként dolgozik, ami most mégis távol van az okkultizmustól a babonáktól, a szellemidézéstől és egyéb köztudatba épült felfogástól ezen a területen.
Mindjárt el is magyarázom részletesebben:
Ez a dolog évezredek óta működik.
Még jelen pillanatban is amikor a kedves olvasóm ezeket a sorokat olvassa. Millió számra keresik emberek, üzleti érdekeltségek képviselői, politikusok, tanárok, tanítók, orvosok, média cézárok, de még tudósok, atom fizikusok, biológusok, műszaki fejlesztők, mérnökök, sztárok is a saját érdekükben vagy egyéb érdekekért ezt a lehetőséget.
Kik szerencsét szeretnének és babonás ceremóniákat csinálnak érte.
Lottószelvényeket adnak fel nagy nyeremények reményében és sót dobnak a hátuk mögé, vagy háromszor meghajolnak a négy égtáj felé esetleg kabalából plüssnyuszit tesznek az autó hátsó ablakába vagy a kulcstartón szerencse hozó jelet hordanak és katolikus körökben a rózsafüzért viszik magukkal vagy kereszteket hordanak a nyakukban.
Egyesek csak nevetik ezeket de a nagy többség komolyan csinálja.
Ám egyet biztosan lehet tudni ezen a bolygón.
Vannak jó napok és jó időszakok de mindenki kerül nehéz helyzetbe amiben nem feltétlenül tud önerőből megoldani dolgokat.
Elkaphat olyan betegségeket az ember, hogy komoly materialisták is csak annyit tudnak kinyögni, hogy : Jaj Istenem.
Igen.

Mert az ember eleve úgy születik, hogy nyitott olyan dolgokra amiket nem ért, nem látott, csak sejt. Ez nem szégyen, ez nem butaság, ez nem elmaradott gondolkodás, hanem egy olyan terület ahonnan sok jó megoldás jöhet az ember életébe általános vagy különleges problémák esetén amiben mások elvéreztek és feladták vagy belehaltak. Jöhetnek persze nagy ostobaságok is ami ennek a területnek a felszínes ismerete miatt könnyen beszivárog az ember életébe.
Nem csak az alkoholizmus, vagy párkapcsolatok vagy szegénység esetleg testi, genetikai állapotból fakadó erőtlenségekre gondolok hanem mások gáncsoskodásaira is. Önhibák és önhibán kívüli hatások és események befolyásolására jó.
A legtöbb ember persze belátja, hogy olyan külső segítségre van sokszor szüksége ami a természeti törvények felett is áll.
Ugyanis nem feltétlenül lesz szerencsés valamiben aki sót dob a háta mögé vagy nyúl láb van a kulcstartóján.
Remek dolog ha valaki körül tudja magát venni olyan barátokkal akik bármikor készek az életébe valami olyan dolgot pluszként hozzá tenni az ő erejéhez ami lendületet adhat akár anyagi segítségről legyen szó akár szaktudásról, de még ezek a dolgok is korlátozottak és nem feltétlenül tudnak minden határon át elérhető segítséget jelenteni.
Magyarországon, Németországban, Anglia vidékein, Spanyol honban és Olaszország területén is bevett szokás egy egy döntés vagy vállalkozás elindítása előtt kissé feltérképezni és ha lehet igénybe venni olyan természet feletti segítséget ami lehetővé tesz egy hosszú távú sikeres működést vagy utat mutat annak, esetleg ajtót nyit olyan akadályok elhárításával amelyek útjában állnak ezeknek.
Minden más országban is persze de ezeket a területeket magam is vizsgáltam.
Az interperszonális mediáció azt jelenti, hogy van stabil és szakértői közvetítő szellemi és anyagi világ lényei között aki célirányosan tudja végezni a rá bízott képviseleti feladatokat.
Nem titkolt célom, hogy ebben a valóságban olyan lehetőség felajánlását tegyem a kedves olvasóm elé amely segítséget nyújt az élete bármely területén a tisztánlátás, a segítség megragadása, felhasználása és az ebben való tájékozódás, magánélet, üzleti vagy politikai karrier területén.

Miért fontos a mediálás.

Amint azt már említettem, hogy az ember a történelem hajnalától fogva keresi, kutatja azokat a lehetőségeket amelyek számára lehetővé teszik az előre jutást, a céljaik megvalósítása érdekében.
Az ember természeténél fogva érdekeltségeket kénytelen kezelni mivel hiány lény, nem tud függetlenedni a környezetétől, az embertársaitól a körülményeitől.
Télen kell egy meleg hely ahova be lehet húzódni a hideg elől.
Meg kell oldani a folyamatos élelmiszer ellátást.
Gondoskodni kell egy család létrejöttéről és ez már egy kis társadalmi egység.
Akkor jó olyan emberi közösségben lenni ahol több család is együtt él.
Közösek a célok, és folyhat bizonyos csere vagy kereskedelem is.
Kell pék árú, kell hús, kell szerszám és kellenek ismeretségek ahonnan ezek beszerezhetőek.
Kiskereskedelemben, nagy kereskedelemben is így van ez.
Ám ha némi munkába is telik mire az ember mindent megszerez az kalkulálható, hogy ha nincs megfelelő anyagi potenciál és ismeretség akkor akár értékes évek és évtizedek is elmehetnek az ember életében anélkül, hogy a célja felé akár csak egy lépést is képes lenne tenni. Ezen idő alatt pedig a fejlődés az előrejutás akár visszafelé is fordulhat és kénytelen az ember a megszerzett helyét eszközeit, ismeretségét nélkülözni vagy rosszabb esetben elveszíteni. Pedig ebben benne van az a munka amit az ember gyermekkorából hoz magával amikor anyu és apu szeretettel beviszi a kreativitás világába azzal, hogy megmutatja, hogyan kell ezt-azt elkészíteni.
Főzni, takarítani, összebarkácsolni néhány kellő és hasznos holmit. És gyerekként iszonyatos erőfeszítések mennek el játékból arra, hogy megépítsen az ember akár csak egy homok várat vagy egy autópályát a versenyautó gyűjtemény számára.
Sárkány eregetéshez kell egy hosszú spárga, keretet kell építeni amire rá lehet feszíteni a vásznat amibe bele kaphat a szél.
Aztán farkat kell csinálni, hogy stabil legyen.
Vagy a házkörül kell a kertet megcsinálni, segíteni az autó szerelésben a szerszámokkal, de egyértelműen rááll az ember arra, hogy valamit tudjon alkotni ami használható aminek a használata élvezetet okoz akár nekik akár pedig másoknak. Nagyobb korban pedig leültetik az embert egy iskola padba ahol valószínűleg az egy helyben üléssel ellustul. Ha nem akkor rásütnek valami bélyeget, hogy hiperaktív vagy nem normális ha nem tud egy helyben ülni egy egész délelőtt. Ott pedig olyan tudást kap az ember amik

éveket és év tizedeket vesz el az ember életéből fejleszti és alapokat ad több tudományos ágnak. Ez pedig részben hasznos tudás részben pedig a felejtésnek szól. Matek dolgozat előtt azért a legtöbben elkezdenek spontán hinni Istenben pedig a materialista tananyag „fejleszti" a gyerekek racionalitását de pont akkor kezd igazán racionális lenni amikor elkezdi keresni a természet felettit segítségért.
Mindannyiunk felsóhajtott már, hogy: -Istenem segíts.
Még azok is akik ezt utána letagadják.
Teljesen normális igény az emberben azzal együtt is, hogy kiaknázza a saját tudását, kreativitását, hogy további útmutatást szeretne kapni arról, hogy merre induljon és ott mit csináljon.
A matek dolgozat előtt természetesen a megszerzett biztos tudás óriási segítség de ennek ellenére van az emberben minden megmérettetés előtt egy drukk, egy feszültség, hogy elegendő-e a tudás, a gyakorlottságom segít-e leküzdeni az előttem álló akadályokat és ezzel a gyerekek nagyon is tisztában vannak.
Felnőttként kiépíthető az ember lelkében egy ellenállás a bizonytalansággal szemben és több lehetőség van matek dolgozatok elkerülésére, viszont több más dolog fog szembe jönni velünk amit pedig talán jobb stressz kezeléssel ugyan de le kell szintén győznünk és jobb átmenni azokon és megküzdeni a völgyekkel, csúcsokkal, pusztával, rengeteggel, bozótossal mint nagy vargabetűkkel megkerülni azokat.
A tapasztalat szerzés ugyan rutinossá teszi az ilyesmiben az embert de a tapasztalatok és a rutin megszerzése során rájön az ember, hogy hiába a tudás és a gyakorlat, előre nem látható akadályok miatt is beüthet jelentős visszaesés az előremenetelben és történhetnek balesetek amik évekre kihatnak az emberre. Méghozzá nagyon negatívan. Persze ami alázatban tartja az embert és emlékezteti, hogy nem mindenható és mindig van nála nagyobb hatalom, és az nem feltétlenül baj. A mai napig iszonyatosan nagy sikere van az önhittség fejlesztő, önistenítő kurzusoknak és milliárdos pénzforgalmat jelent minden országban a „higgy magadban" átverés.
Ezek az önsors rontó előadások még senkit nem segítettek a tartós gazdagság és előre látó magánpolitika mindenki számára előnyös alkalmazásában.
De lenézési edzésnek nagyszerűek az ember környezetével szemben.
Rengeteg válás, jéghegynek ütközés köszönhető nekik.
Amit tehát a szülői házból hozunk az egy generációkon átívelő életviteli tudás megtanulása és alkalmazása amit pedig az iskolában tanulunk az sikert adhat egy vagy több szakterületen való operáláshoz, amit pedig pótcselekvésként erre irányuló és bizonytalan eredetű „szakértőktől" szerzünk meg tudásként annak általában nem sok

ember néz utána és valójában sok áldozata van és több mint valószínű, hogy amit eddig a szüleink, tanáraink belénk neveltek és felépítettek az életünkben ezek által újra és újra leomlanak és soha nem lesz belőle egy erős épület ami az élet viharait kiállja.

2-0 a realitás javára.
De még mindig ott van a matek dolgozat előtti vizsga drukk, stressz, feszültség, aggodalom.
De jó lenne, ha segítséget kapnék. Súgást, hogy mit kellene tennem.
Még ha egy otthoni operációs rendszert nézünk is van hozzá súgó.
Az autónkhoz is van termék leírás és egy egyszerű konyhai reszelőhöz is adnak leírást illetve súgót, hogy hogyan is kell azt rendeltetés szerűen használni.
Az élethez is van.
Nem csak az élethez van használati útmutató, és a kapcsolataihoz vagy éppen önmagunkhoz de a szellemi dimenzió minden szegmense fenntart egy asszisztens szolgáltatást ami esetleges kérdésekre válaszol is és kezelésbe is veszi a kialakult problémát vagy az előttünk tornyosuló feladathalmaz megoldását.
Először is, ahogy írtam is, kapunk a szüleinktől de egy egész gyerekkoron át felépített tudás és gyakorlat is összeomolhat akár banánhéjon is elcsúszva.
Másodszor pedig, az Iskolai tudás ami elkísér erősen megkopva egy egész életen át, de az iskolai tudásunkról való számadás, a dolgozat írás előtt a stressz és a különböző nyomások ráébresztik az embert arra, hogy erősebb kapcsolatra, segítőre van szükségünk minthogy mi magunk leküzdjünk minden furfangosságot, akadályt és ráadásul a gyengébb osztályzatok ki tudják zárni az embert bizonyos előnyökből és erős sors rontó képességgel is fel vannak ruházva.
Persze azért el tudjuk mondani azt is, hogy akik mindenben jól tudnak teljesíteni a tanulásban és a vizsgázásban azok legtöbbször gyengébben teljesítenek a gyakorlatban.
Harmadszorra pedig, ha az elméleti tudás legtöbbször az ember fejében rendben is van de kell hozzá a gyakorlat és a már említett rutin.
Kellenek az öreg szakik akik értékes tudása és a fogásaik elleshetőek ez pedig egy negyedik dolog.
Kellenek a jó kapcsolatok mindenkivel a környezetben és ha megvan az:
1. Szülői tapasztalatokkal való alapozás feltételei,
2. Iskolai tananyag széles körű ismereteinek feltételei
3. Ezekből az alap ismeretekből való tudás használata miatt megszerzett rutin.
És akkor menjünk még egy ponttal tovább:

4. Az adódó piaci feltétel és környezet ahova el kell tudni adni a saját termékét vagy szolgáltatását az embernek. Valamennyi kép erről már fiatalon kialakul az emberben. Négy feltétel aminek a megszerzése felemészt egy gyerekkort és egy ifjúságot. És ebből a negyedik mindig változó, mozgékony és igen sok versenyző akar itt is sikeres lenni akár mások eltaposásával is.
Mire kész az ember az első négy feltétel megszerzésével már lehet, hogy az első két gyereket kell óvodába vagy Iskolába kísérni.
És ha fel is tesszük, hogy mind a négy feltétel teljesül és mindent meg is tudtuk működőképesre alkotni, és a hozzá szükséges időben nem történt olyan esemény ami ezt megakadályozhatta volna, nem lett közben az ember alkoholista, kábítószer függő, nem szívták le az ember anyagi jövedelmének kis vagy nagy részét a kicsapongó életmód követői a haverok akik mindig benne vannak egy buliban vagy nők akik szeretnek olyan emberek közelében lenni ahol mindig csurran-cseppen nekik valami kis anyagi haszon (Bocs az erős kifejezésért: ingyenélők.) még akkor sem vagyunk kész mindennel.
Ugyanúgy ahogy jóindulattal voltak felénk a szüleink, és kezdetben a tanáraink és átadták a tudásukat, az emberi kapcsolatokban mi is segítséget jelentettünk mások számára és ezért viszonzásul mások is szívesen nyújtottak nekünk segítséget, az ötödik feltételt is a kapcsolatokat is beleszámoltuk a dologba és tovább lépve az emberek nagy többsége ezen a ponton meg tudja állapítani, hogy vagy szerencsés, vagy szerencsés csillagzat alatt született, avagy szeretik őt az égiek.
Mondom, ilyen beszédeket teljesen materialista emberektől is bőven hallani. Akiknél nem teljesülnek ezek az alapfeltételek azok meg lemondóan mondják, az ellenkezőjét, hogy mennyire szerencsétlenek vagy nem szerencsés csillagzat alatt születtek, vagy nem szeretik őket az égiek.
Csak ülök néha, és hallgatom az emberek miről hogyan beszélnek.
Gyakran mondják, hogy tévedek és nem igazak a megállapításaim, persze tévedhetek mert ember vagyok, de akadt már olyan aki négy év múlva kért bocsánatot hasonló állításáért amire felhívtam a figyelmét de ő letagadta.
Nevettünk egyet és igazat adott nekem.
Az emberek mind egy olyan beépített logikával, intuícióval születnek ami egy helyet fenntart a logikából tanulás útján kizárt világ számára.
Ez az ami feltétlenül szükségessé tesz interperszonális mediálás.
Hiszen az az a terület ahol szintén kell pár évtized, hogy átláthatóvá váljon az ember számára és úgy tudjon benne mozogni, hogy az első négy feltétel alapjai ehhez igazítva

ne egymást akadályozó tényezők legyenek hanem egymást megtartó egymást erősítő épületté álljanak össze.
Kedves olvasóm. Ezen kis fejezet pár gondolatán keresztül ön is összegezheti az életében lezajlódott, jól sikerült vagy elszalasztott illetve elrontott lehetőségeit, ok okozati összefüggésekként logikusan kikövetkeztetve.
Jó nevelést kaptam?
Jó iskolába jártam?
Jól tanultam?
Jól mérték fel nekem a szüleim és a tanáraim a világot, engem és a lehetőségeket, a képességeimet?
Jól alkalmazkodtam a környezetemhez?
Egyenként végig gondolva ezeket a kérdéseket és magunkban megválaszolva és a válaszokat összegezve eljutunk egy reális önismeretre ezen a fontos életfilozófiai kérdésen elgondolkozva.
Ugyanis pont a természet feletti terület az ami befolyással tud lenni az egész anyagi világra és ez az amivel a legkevesebbet számolunk.
Nem vesszük figyelembe a logikus következtetéseinkkel azt, hogy mások a mi terveinket áthúzó döntéseikkel és viselkedéseikkel milyen alapon dönthetnek úgy ahogy nekünk az nem jó.

Ilyenkor szokott az ember tanácsért, segítségért megkeresni valakit akiről úgy véli, hogy megfelelő tájékoztatást tud adni.
Ilyenkor megy az ember a jövendőmondóhoz, vagy valakihez aki a természetfelettiben kicsit jártasabb, ám egyik esetben sem garantálható a szakszerű tényfeltárás, vagy az okkult beavatkozásnál a tökéletes probléma kezelés. De ettől még nagyon komoly pénzek mennek el ezeken a területeken arra, hogy tájékozódjon az ember vagy segítséget kapjon.
A legtöbben pedig elmennek templomba. Imádkoznak, esetleg pénzt gyömöszölnek a gyűjtőládába, hogy megnyíljanak az égi csatornák. Akiknek több ismeretük van a dolgok működésében, megkérik a papot, hogy ebben vagy abban a dologban legyen szíves imádkozni értük.
A legprofibbak természetesen, megfizetnek valakit aki állandóan tartja a kapcsolatot a természetfelettivel és sok cég főemberei vagy vezetőségbeli tagjai alkalmaznak ilyen segítséget, de nem feltétlenül a legjobbat.

A politikában is sok képviselő, miniszter vagy a mögöttük álló kis csapatok dolgoznak azon, hogy ötletek, megoldások jussanak eszükbe egy egy problémára. Akik okosak ezen a területen, azoknak ilyen tanácsadóik és mediátoraik vannak.
Mivel értik és tudják, hogy fontos ezt a területet is kihasználni.

Mi is az a mediálás?

Amikor valamilyen tanácsra, közbenjárásra illetve segítségre van szükségünk és nem rendelkezünk túl sok információval a saját állapotunk, illetve képességeinkről, erőnkről, akkor rendszerint felkeresünk valakit aki segíteni tud.

Például ha megbetegszünk és nem vagyunk eleresztve a megfelelő orvosi tudással akkor felkeressük azt az embert aki tud segíteni.

Megvizsgál és ad egy receptet vagy saját kezűleg kezd el egy terápiát végrehajtani rajtunk.

Ha például elromlik az autónk akkor a megfelelő szakemberhez elvisszük a járgányt és rendszerint a javítás elvégzése után újra használhatjuk az automobilt.

Ha elromlik a telefonunk akkor elvisszük a szervizbe és a laptoppal is ugyanez a helyzet.

Viszont ha szeretnénk valamit elintéztetni egy magas rangú emberrel, ahhoz a lakóhelyünk szerinti megfelelő hivatalban ki kell tölteni a megfelelő okmányokat amiket be kell adni és meg kell fizetni hozzá a megfelelő illeték bélyeget és az engedélyeztetési eljárást és vizsgálatot végig kell csinálni.

Nem lehet csak úgy berontani a megfelelő emberhez és beszélni vele, hogy „-Lajoskám, csinálnék én a főtéren egy vurstlit ahol árulnám a kézműves virslit". Lajos lehet, hogy közvetlen ember és csak rábólintana de a törvények vonatkozó szabályozásainak betartása egyrészt védi a helyet ahol ezt meg szeretné tenni az ember, tisztasági előírásoknak kell megfelelni, zajszennyezés tekintetében is olyan dolgokat kell megcsinálni ami más emberek nyugalmát meghagyja. Egészségügyi feltételeknek is meg kell felelni és ezek mind vizsgálatok és mind akadékoskodások sorozatát indíthatja el mire felépülhet egy bódé vagy pavilon.

Ezekre megvannak a megfelelő szakemberek és a megfelelő intézetek amik felé mind el kell végezni a megfelelő intézkedéseket.

A dolog meglehetősen idő és idegrendszer igényes. Ekkor jön be a mediáló cég ami leveszi egy megfizethető összegért az utánjárások és a vizsgálatok terhét a vállalkozóról.

Jó esetben egy kis várakozás után kézhez vesznek mindent és felkeresik a tulajdonost akinek leszámolnak az asztalra minden engedélyt és papírt és számlát.

A dolog ha mindenben megfelelővé vált a törvényi előírásoknak akkor indulhat a megvalósítás következő szakasza.

A területre szeretne jó bevétel megszerzése mellett a vállalkozó sok árust, zenészt, szórakoztató elemeket tartalmazó műsort a vurstlis, napokhoz meg ugyebár bort. Jó minőséget. Ezért pénzért árulni kezdi a rendezvényén a jogokat az árusoknak.

Ezen szerződésekre lehet megint külön embereket keresni akik felkeresik a megfelelő embert aki tud hozni színvonalas termékeket és újra csak ott tartunk, hogy a vállalkozónk Lajos megszerzett jóváhagyásával és hatósági engedélyeivel nem közvetlenül hozza a szórakoztató elemeket a vurstliba hanem ismét közvetve képviselik őt emberek akik megszerzik számára a legjobb termékeket kínáló, a legjobb zenét hozó, a legjobb szórakozást nyújtó „szakembereket" és itt is egy mediálás történik.

A mediátor nem médium a sötétség és az ember között hanem pap, egy képviselő két üzletember között. A médium szó is igaz, hiszen összeköt két külön embert és az érdekeiket egyezteti. Kényelmes és jó.

A mediátor egyszerre képviselő, követ, pap és része annak a munkának amit mind a két fél akik között közvetít, zajlik.

A mediátor.

A közvetítő két fél között egyike a legrégebbi szakmáknak és ahogy az imént írtam is képviselő is aki akár egy törvényhozásban képviselhet egy szakmát vagy egy területen élő embereket esetleg egy kisebbséget, vagy két egymással ellenséges ország között közvetít, de lehet egy békéltető egy házasságban is a férj és a feleség között.

Ezek mind a földi szférában ügyködő és operáló emberek.

Szinte mindenkiből lehet kisebb nagyobb területeken mediátor vagy képviselő végzettsége révén vagy ismeretei illetve ismerősei miatt.

Itt nem csak bizonyos munkaterületeken való jártasság és ismeret révén válhat közvetítővé, például egy szerszámgyár és felhasználó cégek között hanem előnyt jelenthet az is, ha személyesen ismeri azokat akik a termékek potenciális vevői és felhasználói lehetnek.

Valakinek a valakije. És ezen a területen ez nagy előny, mert létfontosságú a két egymás felé való jóindulatának elnyerése vagy felgerjesztése. Egy jó közvetítő még az egymás felé bizalmatlan ügyfeleket is, de volt rá példa, hogy az egymással ellenségeskedő feleket is baráttá tudta tenni. Ismeretes a leghíresebb ilyen történelmi eset, Krisztus kálváriájának estéjén történt amikor a főpapok meg akarták győzni Pilátust, hogy végeztesse ki nekik Jézust és el akarván hárítani a számára egyértelmű korrupciót átküldette Heródeshez aki azon a területen uralkodott ahol Jézus élt. Heródes és Pilátus nem véletlenül gyűlölte egymást hiszen Heródes a néppel való kegyetlenkedései miatt hírhedt volt a saját hazájában is és nem sokan akartak barátkozni vele a hasonló rangban levők így a megfelelő társasági életből kizárták.

De egy kedves gesztusnak vette, hogy Pilátus a saját hazájában folyó ügyekkel hozzá küldette a híres foglyot. Pilátus meg hálás volt, hogy lepasszolhatta ezt a korrupciós ügyet.

Egyébként is mosni akarta a kezeit.

A főpapok mediáltak a saját érdekeik szerint a két fél között ha már kénytelenek voltak ingázni és elég magas szinten űzték ezt a szakmát, és had beszéljek róla, hogy miért, a legjobb munkát végeztek a két fél összebékítésében.

Nyilván meggyőzték őket a közös érdekeikről.

Csak szólok, hogy a papok a szakmájuk szerint a legképzettebb mediátorok.

A természet felettiben kétféle mediátor ismeretes és az egyik pont a pap amelyik hivatás pont erre rendeltetett a másik pedig a médium ami szintén a természet felettivel való kommunikációban segédkezik de jóval korlátozottabb.

Az okkultizmus területén igen ritka olyan közvetítő akinél a természet feletti úgy működik, hogy maradéktalan lenne a munka.

Sőt.

A tapasztalat az, hogy elég korlátozott hiszen elég ritka dolog, hogy egy médiumhoz oda lehetne menni, hogy valaki szeretné megnyerni az ötös lottót és kapna öt számot amit megjátszva a következő héten átvehetné a nyereményét. Pedig a szerencsejáték pont erről szól és a természetfelettinek a sötét része ezen a területen ura a pénzügyek ilyesfajta elosztásának.

A papság kétfelé osztható, hiszen vannak olyan vallások ahol szeretnék Istent az ő szabályai szerint megközelíteni és tisztelni.

Ezekben az egyházakban, és gyülekezetekben történnek csodák, csodás gyógyulások, anyagi előrelépés és jól megnézve azokat a híveket akik komolyan veszik az Isten által nekik adott igéket és élnek azok szabadságával és védelmi rendszerével látszik is a gondviselés.

És vannak akik ezt szakmának tekintik de nem hisznek Istenben és bár dolgoznak az egyházban de nem hiszik a kereszténység Istenét.

Ám ahogy az mindenki által ismeretes van olyan papság is mi már évszázadokkal előbb eltért Isten nekik adott igéjétől és bár nevükben még hordozzák azt a nevet amiért őseik a vérüket adták akár csatákban akár oroszlánok elé vetve de mai tevékenységük hosszú listás kifogássorozatot tartalmaz és bár vallják Isten igéjét de nem állnak vele közvetlen kapcsolatban.

Mára ezen „történelmi" egyházak, hogy egy régi kifejezéssel éljek, már nem képesek felmutatni a társadalom felé a közvetítő szerepüket.

Az ember.

Persze Isten oda figyel az emberekre és egyéni állapotukra de sokszor ahhoz, hogy elérjen egy embert a világi életvitel vagy az egyházából esetleg okkult oldalról rá tapadt visszatartó erőket kell áttörnie ami az egyén számára megrázkódtatásnak tűnik de valójában tisztulás történik. Könnyebb és jobb minőségűvé válik az élete annak az embernek de ezekkel a terhekkel már fordítva nem fog működni a dolog olyan jól.

Ugyanis azok a világi eszmék és okkult dolgok amik rajta vannak az emberen az illető számára akár olyan terhet is jelent amibe nem csak beleroppan a lelke, de nem is látja maga előtt a helyes utat. Nem fog megoldásokat találni semmire vagy csak kevés dologra, és az sem biztos, hogy éppen jó megoldásokat fog találni. Lehet, hogy a gyermekségétől fogva oda szánták a szülei isten számára és megkeresztelték ilyen vagy olyan vallás ceremóniája szerint ahol Isten természet feletti ereje távol van az ottani emberektől, szolgálóktól és papoktól.

Ráadásul felnőve ez a csecsemő ifjúvá, oltásokat kap a környezetéből Isten ellen, hogy Isten nincs mert senki sem látta, Isten létezését a tudomány nem tudja bizonyítani, vagy éppen „Mi öltük meg Istent" és ezzel olyan hibás vélekedésre juthat az az ember, hogy akkor Isten ha van is nem foglalkozik vele, vagy nem akar vele foglalkozni, vagy lehetetlen Istent elérni az ő számára, amivel kapcsolatban persze logikus következtetésként vonható le, hogy akkor más elérhető dolgot kell megragadni és ekkor jön be az okkult mediálás.

- Ha Isten sztoikus felém akkor én is az leszek Isten fél. - Gondolják néhányan.

Tudni akarja az ember a jövőjét, hogy a lehetőségeit számba véve utat válasszon magának.

Itt jön be a kártyajóslás, vagy egyéb jövő látó praktika amin keresztül szintén kaphat útmutatást az ember. Természetesen olyant ami jó messzire elviszi az élete, a földön való létezésének céljától. Innen pedig ha később mégis úgy dönt, hogy szeretné Istent megközelíteni akkor ennek érdekében lépéseket tesz, például elkezd templomba járni, Bibliát olvasni, vagy beszélni hozzá (imádkozni). És ezzel kapcsolatban azt még szeretném elmondani, hogy ezekre a jelzésekre Isten nem marad általában közömbös.

Amíg valaki őhozzá igyekszik addig ő a saját oldaláról is kívülről bontja le azokat a falakat és akadályokat amit az egyén életére rátettek a világból, vagy vallásos közegből esetleg az okkult oldalról.

Ez legtöbbször akkor következik be amikor kapnak az emberek pár pozitív vagy tisztán negatív üzenetet Istenről.

Ezek az üzenetek, mivel egy természetfeletti lénytől és méghozzá a leghatalmasabbtól érkeznek, meg tudják repeszteni a kemény külső héjazatot az emberen és be tudnak hatolni, még ha kemény szíve van is, a legbensőbb részébe és ott munkába fog. Még a legvidámabb emberek életében is ott a belső meggyőződés amit a buli kultúra sem tud eltakarni vagy elnyomni a hangját, hogy az egész emberi sors úgy hiábavaló, hogy eszünk iszunk, dolgozunk, házasodunk gyermekeket dédelgetünk és nevelünk azután a halál.

Mivel az ember a saját alkatánál fogva érzékeny a természet felettivel való kapcsolatra ezért nem lehet megsemmisíteni benne a hitet csak elnyomni tudományosnak ható magyarázatokkal vagy eleve hamis információkkal és rá lehet venni, hogy akár egész életében ö maga nyomja el ezt az éhező rész saját magában.

Isten ennek a résznek a betöltésére készített egy rendszert amiben emberek közvetítenek ő közötte és az emberek közt.

De ennek azért ő szigorú rendszert is alkotott, hogy tiszta üzenetek és szennyeződés nélküli, „laboratóriumi tisztaságú" kapcsolat jöhessen létre, mint amikor valakinek egy új szervre van szüksége mert baleset következtében tönkre ment mondjuk a veséje és nagyon nagy tisztaságú műtő kell egy másik vese beültetéséhez.

Az emberben a rosszul működő felfogások, világképek eltávolításra kerülnek és helyükre az igazit teszi Isten és ez sok belső konfliktussal jár. Befogadhatja a szervezet vagy megpróbálhatja azt kilökni magából.

Ezért Istennél a mediálók vagyis a papok dolga, hogy tiszta legyen az üzenet, a saját személyük a környezet és lehetőleg az is aki veszi az üzenetet.

Maga az ember létezésének célja eleve az Istennel való közvetlen vagy közvetett kapcsolatot igényli. Arra vagyunk teremtve, hogy műveljük és őrizzük a földet és ez által uralkodjunk rajta.

Bármely sikeres embert megvizsgálunk ebből a szempontból, a tevékenysége ezzel kapcsolatos.

Akár Világi, Istentagadó, idegen istent szolgáló ember nem tud másként élni viselkedni, gondolkodni csak ebben a kontextusban.

Minden ember uralmat gyakorol a földön. Lehet, hogy kicsiny a saját uralma vagy nagyobb de a munkája, tevékenysége a föld, a világ valamilyen fokú művelése benne van.

El kell igazgatni a házát az embernek, és meg kell teremteni a megfelelő anyagi viszonyokat.

Vagy megvenni vagy megtermelni az élelmiszert a pénzt, persze vigyázni is kell hogy ez a rendszer ne menjen tönkre körülötte és fenntartható legyen.

Tehát ahogy mondani szoktam a legősibb szakma a földművelő, a biztonsági őr és a király.

De mindegyik területen, még a király is szolga.

Szolgál a paraszt a föld művelésével a társadalom azon tagjainak akik megveszik az ő termékét.

Pedig a paraszt ura a maga földjének és amit szeretne azt vet,

Ha szerinte a búza lenne jó befektetés mert a piacon azzal tud a legtöbbet kaszálni akkor azt vet, ha répát akkor azt vet.

Arra köt szerződést amit szerinte a legjobban tud értékesíteni. De szolgáltat és szolgál is.

A király pedig az uralkodásával szolgálja a közt.

Ha jó királyról beszélünk.

Persze ha rossz uralkodókat is nézünk akkor is látni, hogy valamilyen mértékben hozzájárult a közjóhoz.

Még a legszigorúbb diktátorok koráról is el tudták mondani az abban élők, hogy akkor rend volt, és fegyelem volt és aki a szabályokat betartotta az boldog tudott lenni és boldogulni is tudott.

A rendvédelmi erők akik a harmadik szolgálati területet biztosítják a hadsereg, rendőrség, katasztrófa elhárító szervek szintén szerves részei a mindennapoknak akár látható akár láthatatlan a tevékenységük a civil lakosság számára.

Szoktam mondani a régvolt katona éveimről, hogy akkor voltunk a legboldogabbak.

Etettek és itattak minket ruháztak és megmondták, hogy mit kell csinálni így gondolkodni sem kellett. Ahogy most elmerengek ezen... járt az eszünk ezen-azon de mintha tényleg nem gondolkodtunk volna. Nem is tudom hogy éltük túl az önmagunk felületességét és ifjúkori naivitásunkat.

Szerintem nyugtatót szedtek az őrangyalaink vagy nem is voltak hajlandók a közelünkben sem tartózkodni.

Az ember külső és belső szerkezete Isten képmása és hasonlatossága.

Ez azt jelenti, hogy hasonlítunk Istenre és a hasonlata is vagyunk.

Aki nézi az emberi viselkedést az érdekes dolgokat tud tapasztalni és a legrosszabb emberekben is fog találni jót.

Rengeteg embert láttam Istenhez fordulni akiknek az életében igen vagy kevésbé látványos fordulatok álltak be és lehet azt még rosszul is csinálni de akik megengedik istennek, hogy az életükben az ö emberei vagy angyalai rakjanak rendet és megpróbál az Ige szabályai szerint élni azokból nagyszerű emberek válnak és akár messzebbre is jutnak mint a bűnös életvitelükkel. Egy rettegett maffiavezér arról beszél, hogy olyan sok terület állt helyre az életében, hogy teljesen feleslegesnek kezdte látni az erőszak eszközeit az életében amikkel addig élet, hogy tiszteletet, üzletrészeket, piacot verekedjen ki magának. Még a házassága is olyan szeretet teljessé vált, hogy minden addig megfizetett kéj amit csak nagyon gazdag emberek tudtak megfizetni, hogy igénybe vehessék, semmivé vált a szemében a felesége mellett. Nem jutott nagyobb élvezetekhez, bármilyen drága szolgáltatást vett is igénybe mint amit a helyre állása után az élete szerelme tudott neki nyújtani, aki pedig neki soha nem a markát nyújtotta saját érdekek érvényesítéséért hanem teljes szívvel tudta viszont szeretni.

Ez egyetlen ok miatt lehetséges, mégpedig azért, mert Istenről úgy ír a Szentírás, hogy Isten a szeretet.

Ha pedig isten, vagyis maga a szeretet lehelte az emberi testbe a kezdetnél a lelkét akkor a legbenső énünk szeretetből van.

Istentől kaptuk ezt a bolygót, az életünket, az erőnket és a lehelete indította el a légzésünket.

Istentől kaptuk az életcélunkat a föld mezőgazdasági, ipari, kulturális, politikai művelését.

Istentől kaptuk a szeretteinket is akik vagy jók vagy nem.

Miért ne kaphatnánk tehát segítséget ahhoz, hogy a dolgaink jól működjenek?

Két -féle gondolkozás mód dívik ma is Istenről és ebből az egyik a sztoikus Istenkép, hogy meg van alkotva minden és innentől Isten nem foglalkozik semmivel hanem hagyja történni az eseményeket.

Érdektelen és közömbös Isten arra vonatkozóan, hogy mi van a teremtésével.

Ám én ezzel nem értek egyet.

Tapasztalatom szerint Isten nagyon is oda figyel a földön az ember életére, Nagyon is segíti és akarja is segíteni.

Ez felvet egy további kérdést is ami szeretnék majd megválaszolni de nem most.

Maga a szeretet nem jelent közömbösséget, különösen az iránt nem aki közel áll az emberhez.

Isten a saját kezével formálta a maga képét és hasonlatosságát, később csinált neki asszonyt is, úgyhogy nem közömbös, és ez a divat tartalmazza a valóságot.

Amennyiben az ember sem közömbös Isten iránt és nem feltétlenül csak érdek közösséget akar vele létre hozni ami jó az üzletének, akkor elég messzire tud eljutni az ember az életminőségét illetően, ahogy azt már egy maffiózó vallomásával kapcsolatban elmondtam.

Mit adhat a mediálás.

Mielőtt rátérek erre a könnyebb témára előbb a felvetett kérdést szeretném megfogalmazni és megmagyarázni.

Ha tehát Isten nem közömbös irántunk akkor miért van a világban annyi bűn és szenvedés?

Mivel volt már olyan világkorszak amit lelki ismereti kornak nevez a teológia szaknyelve ami azért kapta ezt a nevet mert a paradicsomból való kiűzetés után nem volt több törvény mint a föld művelése és őrzése és az uralkodás. Gyakorlatilag ez az ember létezésének a célja.

Bizonyos teológusok ezt a kiűzetés utáni kort, Mad Max korszaknak is nevezik, amikor érdekszövetségek tartanak össze emberi közösségeket és ezek a közösségek nem feltétlenül tartják tiszteletben egymást. Valószínűleg az írott és az emberek szívébe, ösztönébe írt törvények elegendőek lettek volna egy bizonyos rend fenntartására de az uralkodás túlzásokba esett, vagy túlzásokba hajszolták, a földet művelni úgy is lehet, hogy nagy területeken folyik a munka az érdekeknek megfelelően és hát ugye a szomszéd fűje mindig zöldebb, ezért elvettek másoktól erőszakkal területeket, hogy ott is uralkodhassanak ahol mások voltak és más közösségek ezért harcolni voltak kénytelenek. Ezért a föld műveléséből származó jövedelem az uralmi terület kiterjesztését szolgálta, és idegen terjeszkedés ellen is kellett védekezni....... És itt már a háborúkról beszélek, ami az özönvíz előtti világkorszakban nincs ugyan leírva de sejthető.

Mivel az ember csak annyi információt kapott, hogy mi a dolga de nem volt szabályozva, hogy azt hogyan tegye, és az érdek érvényesítések erőszakkal elég jól működtek a haszon szerzésben, ezért el is úszott az akkori kor történelme egy olyan erkölcsi állapotig, amire Isten már azt mondta, hogy az ember szüntelen csak gonoszt művel.

Meg is nyomta a delete gombot de csinált egy biztonsági mentést Noé bárkájával.

Tehát kiválasztott egy tiszta családot, Noé családját akiken keresztül az emberi civilizációt megmentheti. A korra jellemző, hogy Noé szülei azt mondták Noéról, hogy majd ő lesz a vigasztaló a kezük terhes fáradozásában. Ez gondolom azért bukott ki belőle, mert óriási teherré vált a munka és a megélhetés.

Talán Noé is egy elfoglalt földrészen született ahol egy nagy hatalom szedte a maga fenntartásához szükséges eltúlzott adókat és ez rengeteg plusz költséggel járt.

Lehet.

Minden esetre Noé már megkapta a parancsot, hogy épüljön a bárka, és kezdje gyűjteni az élelmiszert meg az állatokat, mert le lesz radírozva az egész föld színe.

Isten tehát nagy szabadságot hagyott az embereknek és nem állt felettük pálcával, hogy ráverjen a kezükre amikor rosszat csináltak de nem is nézte tétlenül a szüntelenné vált gonoszságot.

A mai kor messze van még gonoszságban Noé korától de már így is iszonyatos kegyetlenségekkel kell szembesülnie akár csak egy ártatlan tévé nézőnek is naponta.

És ez még nem az a rész, hogy háborúban áll az országunk valakikkel akik üldöznek bennünket, hanem a sima polgári hétköznapok. Már most olyan erkölcsi állapotban van a világ, hogy sokan úgy beszélnek az emberiségről, mintha nem a bolygó legnagyobb uralkodó fajáról lenne szó, hanem egy rákfenéről.

Persze ezzel önmagukat is minősítik, ahogy az embertársaikról gondolkodnak és igazából ez jelzi, hogy őbennük is ugyanaz a gonoszság van jelen mint amit a többi emberben kritizálnak és a mi korunknak is van üzenet ami Istentől való, arra, hogy milyen nyomorba viszi magát az emberiség, ha nem Istennek veti vagy rendeli alá magát, hanem a saját elképzeléseinek a szolgálatába. Hála Istennek még azért rengeteg jóról is lehet hallani, mind az mellett, hogy a híradók tele vannak a bombázásokkal, gyilkosságokkal, migrációs hullámokkal érkező terroristák merényleteivel, és fenyegető hadurak videóival, akik megígérik, hogy mindenkinek átvágják a torkát akik nem értenek velük egyet „-így mint ennek az Istentelen keresztnynek. Ni", akit ott a kamera előtt fel is darabolnak, hogy nyomatékosítsák a mondanivalójukat.

Akiket aztán a következő hónapban drónok szednek le valahol a pusztában és egy fél nemzet mártírként temeti el.

Szóval lehet úgy dönteni, hogy a dolgainkat a bűn használatával végezzük és bár nem azonnali az ítélet érte de a számonkérés nem fog elmaradni.

És az jár jobban akinek ez még az életében bekövetkezik és nem viszi a bűneit a túlvilágra. Sokszor lehet látni egy egy bűnös elfogásánál vagy egy egy bűnbanda felszámolásánál, hogy teljesen „véletlenül" kerülnek rendőrkézre, de szinte észbontó apróságokon csúsznak el és még a pénzük sem tudja őket megmenteni. Mondom ezt azoknak is akiktől elloptak értékeket vagy ők maguk vettek el illegális módon vagyontárgyakat.

Különösen az üzleti életben mennek óriási kegyetlenségek amikről még a híradóban sem szeretnek beszélni.

Tehát bárkiből lehet áldozat vagy bárkinek az élete össze omolhat azért mert másokkal kegyetlenkedett vagy sarokba szorított és olyan dolgok megtételére kényszerítette amiket nem akart megtenni.

Nem isten tűri el a kegyetlenségeket a világban. Nem Isten hagyja jóvá a bűnt. Sőt ő az aki rendszert hozott létre ennek a kezelésére itt a földön is és a szellemi szférában. Vajon nem feltételezhető, egy ilyen szellemi gépezet működése, amikor a híradóban egy valamilyen okból felvételre került beszélgetésben maga a kenőpénzt elfogadó politikus beszél arról, hogy három millió hatszáz ezer forint csúszott ki a kezéből és került a liftaknába. Nyilván nem sokan értik azok akik nem élik az életüket annak tudatában, hogy a földi események akár szellemi vagy más dimenziókban történt események hatásaiként kezdődnek el és fejeződnek be, ők fatális véletlennek vagy szerencsés egybe eséseknek látják ezeket és vagy szörnyülködve nézik a dolgokat vagy nevetnek a szerencsés kimenetelű eseményeken. Ilyen flash videók gyűjteménye a LIKE BOSS sorozat a videó megosztókon. Itt látni olyant hogy valakibe háromszor egymás után is belecsap a villám. Vagy itt lehet olyant is látni, hogy két teherautó összeütközik és a szét szakadó roncsok mindent letarolnak maguk körül de a zebrán szabályosan közlekedő anyukát minden elkerüli. Megint más helyen pedig teljesen üres négy sávos városi úton a kerékpárost egy kisautó képtelen elkerülni pedig látják egymást de a kerékpáros is képtelen elkerülni az ütközést. Erre mondják más vallások képviselői, hogy lecsapott a karma. Pedig nem. Ezek irányított ok-okozati összefüggések és néha ártatlan áldozatok is részei. Vagy nem is ártatlanok?

Választani kell még itt az embernek a saját életét illetően a jó és a rossz között. Az szerint van megítélve itt a földön és odaát a szellemi szférában. És nagyon nem mindegy, hogy odaát is, ugyanúgy mint itt a látható világban, milyen a megítélése az embernek. Legtöbbször szüksége lenne a két világ közti ügyek szinkronizálására. Azért írok erről ennyire egyszerűen és közérthetően, hogy ne kelljen túl bonyolult magyarázatokra pazarolnom a kedves olvasóm idejét. Nincs másról szó, mint arról, hogy Isten eleve rendelt egy csoportot, sőt egy egész népet, hogy mediáljanak az ő szabályai szerint Isten és ember között. Akik Isten megközelítésének szabályait ismerik és gyakorlottak benne azok sikeresen tudják az emberek ügyeit képviselni és forgatni őnála. Nem árulok el titkot, hogy szakértelem kell ahhoz, hogy bizonyos ügyek Isten elé kerülhessenek vagy jóindulatot váltsanak ki olyan erőkből akik megbízottként döntés hozatali helyzetben vannak földi eseményekre vonatkozóan. A helyzet az, hogy személyes ügyeinkhez is megnyerhetők nagy erők. Szinkronizálható az emberek érdeke olyan ügyekkel kapcsolatban ami a történelem jelen menetéhez pozitív fordulataihoz kapcsolható, hogy ne bezavarjanak hanem elősegítsék egymást.

Bárki, bármilyen nagy vagy kicsi vállalkozás vagy cég döntéshozatali testületében van ugyanabban a helyzetben van ahol a döntéseket hozzák, értékelik a piaci lehetőségeket, a vállalkozás érdekeit megpróbálják a piaci igényekkel összhangba hozni és a lehető legnagyobb profitra szert tenni.

Ám ahhoz, hogy sikeresek legyenek ezeknek az embereknek a munkái, számukra is szükség van a szellemi szférából a másik dimenzióból olyan támogatásra ami nem blokkolja a cég munkáját, előrelépéseit, hanem vagy szabad utat engednek annak vagy, ami még jobb, elősegítik.

Egy olyan céges vagy vállalati képviselő aki képes a szellemvilágban a megfelelő erők jóindulatát elnyerni vagy a szinkronizálást elősegíteni, sokkal többet tud előre mozdítani a cégen mint az az üzletkötő aki a legtöbb megrendelést hozza a gyártás számára.

Akár meg is tízszerezheti az üzletkötők sikereit. Jó irányba fordíthatja a cégpolitikát hosszú távon.

Stabilizálhatja a piaci részesedést a konkurenciával szemben.

Ennek a menete természetesen a belső munka több ponton való megváltozását is jelenti. Ugyanis be kell a minden napi gyakorlatba ültetni olyan elemeket amik elősegítik a szellemi szféra megnyerésének lehetőségeit.

A három világ.

Szeretném az előző fejezet témájának fonalát később majd újra felvenni de ezen a ponton szeretném elmondani azt, hogy hogyan botladoznak az emberek a természet feletti birodalmak közt. Ezért kibontom egy kicsit jobban a világunk szerkezeti felépítését. Ezen a világon az első dimenzió amivel találkozunk az a matéria világa. Itt a mi érzékeink számára felfogható jelenségek vannak.

Anyag.

Fényhatások.

Hőhatások

Hangok (rezgések)

idő.

És ezeknek vannak különböző összhatásaik, amik az emberi lélekre hatva kellemes vagy nyomasztó érzéseket tudnak rápakolni.

Szeretünk egymáshoz kapcsolódni, kommunikálni, gesztusokat alkalmazni, hogy a jó vagy rossz viszonyunkat valamiképpen műveljük.

És ezek az utóbbi mondatomban említett tulajdonságok már működnek a következő dimenzióban is ami a szellemi szféra.

A szellemi szféra számunkra nem feltétlenül látható. Sőt igen ritka eset, hogy bele látunk vagy eszközökkel valami kimutathatóvá válik onnan. Materialista embertársaink szokták mondogatni, hogy ha Isten létezik akkor mutassák meg.

Ez egy lekorlátozott világfelfogás ami egy rab helyzetéhez hasonlítható aki életfogytiglani büntetését tölti egy börtönben és vagy be van zárva egy szűk kis világba vagy láncokkal van korlátozva a mozgása amiből az is következik, hogy a börtön falain túli világot az érzékei képtelenek felfogni.

Persze a világunk nem börtön hanem csak egy, a teljes világegyetemből leválasztott rész.

És a rabokhoz hasonlóan azért élesebb bennünk az általunk lakott világi környezet érzékelése, mert van egy bűnös természete az emberiségnek amiről mindenki tud ami miatt egy rabságot egy korlátozást kell elszenvednünk.

Ádám és Éva közvetlenül érintkezhettek istennel. Az édeni állapot az ember számára nem természet feletti hanem természetes állapot. És most tulajdonképpen mi vagyunk természet alatti állapotban.

Isten környezete szent és tiszta.

A gyümölcs lopás az egész emberiséget kizárta ebből a szent és tiszta világból. A föld korlátozás alá került a rajta lakó emberekkel együtt. Ez a bűn illetve a bűnözés nem állt meg ennél az egy esetnél.

Ádámnak és Évának rabbinikus hagyományok szerint körülbelül 50 gyermeke született, fiúk és lányok akik közül az első kettő összeveszett és Káin megölte Ábelt. Tehát a bűnre való hajlam és a bűnös természet vagy öröklődött az emberben vagy lelkileg válik hajlamossá az ember. nem tudom megmondani de azt látom, hogy a mai világban sem mondott le az emberiség a lopásról, a csalásról, a háborúkról és egyéb kegyetlenkedésekről. Én ezt nagyon sajnálom, mivel egyértelműen kezelni kell minden ilyen természet megszentségtelenítő bűnt.

Többek közt ezért is aminek a következtében megszakadt a közvetlen kapcsolat Isten és ember között és közbe vetett mediátorokra, képviselőkre van szüksége az embereknek ahhoz, hogy ne a pokolba kerüljenek ha bűnt követtek el hanem a bűnbánatnak és a mediálásnak legyen egy olyan eredménye amitől az ember ki tud jönni ebből az állapotból.

A második dimenzió a szellemi szféra amit valamiképpen érzékelhetünk de nem mindent és nem mindenhol.

Ez a világ is duális.

Adott Isten eredeti teremtése amiben fellázadt egy angyal, hogy majd ő jobb Isten lesz mint Isten és csellel hatalmat szerzett a földi szférán is és a szellemi világ másik részéből magával vitte az ég seregeinek egy harmadát.

A szám azért pontos arányaiban mert Jézus Krisztus jelentette ezt ki János apostolnak aki láthatta a végső csatát a lázadó angyalok és az Istenhez hű erők között.

Innen lehet tudni, hogy a világegyetem történelme bele fog torkollni a rossz teljes felszámolásába. Ez az idő még nem jött el úgyhogy nekünk még számolnunk kell azzal, hogy találkozunk háborúkkal, erőszakkal, csalásokkal, agresszív terjeszkedéssel, kegyetlen versenyhelyzettel, lopással, termék másolással, és egyéb olyan dolgokkal amik nem hagynak nyugton aludni.

Ugyanis az ember gonoszsága nem természetes módon alakult ki hanem ettől a lázadó társaságtól való akik úgy döntöttek, hogy hisznek a Lucifer nevű főangyalnak és a saját teremtőjük helyett őt követik.

És mivel a bűnbe esés jogilag érvényesítette ennek a bukott angyalnak az uralmát a földön, az él is vele, hogy befolyásoljon emberi csoportokat, vagy egy egy embert az őt követő démoni seregek segítségével.

Ez ugyanolyan precízen az emberi világra rá épült társadalom mint amik országokat építettek maguknak szerte a kontinenseken.

Érdekes, hogy pont a keresztény alapú társadalmakat vette olyan erős hit romboló tevékenység alá amely miatt el kell magyarázni az embereknek a szellemi szféra vagy ha úgy jobban tetszik a másik dimenzió létezését és legtöbbször ki is nevetik azokat akik hisznek benne.

A materialista világszemléletnél még a sámán kultúra is fejlettebb és ennél fogva sikeresebb életviteli és boldogulási szempontból.

Hiába fejlettebb egy tudományos eredményekre épülő világ technikailag ha a stressz a munka miatt akkora, hogy negyven felett kezdenek a verseny szféra éllovasai házasságról gondolkozni amikor biológiailag már az unokákra kellene készülni. Nem is egy, bele is roppan a túlhajszoltságba.

Nem kevés politikusnál találnak ilyen-olyan rendőri intézkedéseknél kábítószert. De igen magas rangú vállalati vagy multi cégek vezetőinél is. A kábítószer náluk ugyanis nem luxus cikk ami a könnyed pihenést, ellazulást segíti elő és nem kalandvágyból fogyasztják. A felelősség az élvonalban olyan stresszt okoz az embernél amit alig tud elhordozni. A túlterheltség igen hamar elhasználja az idegeket amiket a megfelelő pihenésért el kell valahogy lazítani.

Régebben ezt alkohollal oldották meg és ehhez elég volt egy rossz feleség aki a munka terhe után az otthonában nem engedte pihenni a férjét hanem hajtotta ezért-azért, és folyvást aktivitást követelt tőle.... De ahol több ezer ember ügyét kell hordozni minden nap, ahol több milliárd haszon felett kell bábáskodni és ha kevés a bevétel akkor úgy hullanak fejek, hogy másnap már hajléktalanná válik a TopManager, avagy börtönbe is kerülhet, vagy az is előfordulhat, hogy élete egy konkurens cég miatt folyamatosan veszélyben forog, akkor le kell tompítani az ebből adódó állandó félelmet és kissé fel kell pörgetni a munkaidőre magát az embernek. Kívülről katonás fegyelemben élő embereknek tűnnek akiknek idejük sincs az ostobaságokra, belülről pedig szét vannak tépve, kielégítetlen emberi vágyak kínozzák őket és unalmas, boldogtalan emberekké aszalódtak a gyermek korukból hozott felkészültségük és a sok diplomájuk a széles körű ismereteik ellenére. Tisztelet a kivételnek. De holnap is ki fognak rángatni néhány igen nagy ember táskájából némi füvet vagy szintetikus dolgot ami vagy pörgeti vagy nyugtatja őket.

Még el sem érik az ötven éves kort amikor meg már alkalmatlanná válnak a munkára, és lecserélik őket a munkát jobban bíró fiatalokra akik még ráadásul nincsenek bele fásulva a dolgokba hanem bizonyítani akarnak. Egy kedves ismerős hölggyel beszélgettem sokszor az ő munkájáról, és elmondta, hogy a fizetős, nyugdíjas otthonban ahol dolgozik, nem csak öreg munkásokat helyeznek el a fiatalok akik nem tudnak ápolást biztosítani máshogy a szeretteiknek, hanem fiatal több diplomás embereket akik olyan demenciás tünetekkel rendelkeznek, hogy saját magukat nem ismerik fel a tükörben reggelente. Ünnepek idején nem tudják mi az a karácsony. És nem csak azért mert ők Demenciával küszködnek hanem azért mert soha nem vették komolyan, mivel igazi családjuk nem volt, legfeljebb gyermek korukban amikor apu és anyu milliókat költött a gyerek taníttatására, hogy boldoguljon egy jó képzés miatt és igen magas fizetési számlái is legyenek hóvégeken. Nagyon nagy cégek nagyon nagy emberei vannak ott akiket elhasznált a munkájuk és vagy a felelősség állandó terhe tett tönkre vagy az azt feloldani hivatott alkohol illetve kábítószer.

Most pedig már autót sem tudnak vezetni.

Ezeknek az embereknek még komolyabb segítségre van szükségük mint azoknak akik szakmájuk szerint dolgoznak ugyanabban a gyárban. Figyelmes cégvezetés alkalmat is biztosít arra, hogy kiengedjék kollektíven a felgyülemlett feszültségből fakadó túlnyomást valamilyen irányban. Néha óriási szex vagy esetleg homoszex partikat rendeznek akár illegális dolgokba is belemennek. Sokszor igen gazdag embereknek szállított kislányokkal vagy kisfiúkkal buknak le embercsempészek. A megrendelők anyagi pórázon rángatnak befolyásos politikusokat.

Pedofil maffia hálózatokat lepleznek le és... El kell hogy gondolkozzon arról néha az ember, hogy nem titkos életet élő gyári munkások rendelik meg ezeket a gyerekeket a világ túlsó oldaláról, mivel ki sem tudnának fizetni értük több milliót, hogy használjanak szűz tízéveseket, hogy később eldobják őket vagy ha félnek a lebukástól elevenen elássák őket valami erdő mélyén. Ahol sok a kereset és az embertelen nyomás ahol a „Bírom én a gyűrődést", „Nekem ez meg sem kottyan" kifejezések extrém hosszú időn át tartó nagy nyomásokat jelentenek szombati és vasárnapi kemény tempós munkavégzéssel. A délutáni tenisz edzéseknek vége, és a tengerparti kéthetes nyaralásoknak. Különleges nyomásokhoz különleges stressz oldás kell. Azonnali. Fű, szex, vad tivornya. „Szex, drog, Rock and Roll."

Az ember egyszerűen nem úgy lett megteremtve, hogy ezeknek a kihívásoknak isten nélkül meg tudjon felelni.

Ezek mellett még a szellemi világ is használni szokta az embereket.

Most leírom ugyanezt olyan szempontból is, hogy beleveszem a szellemi világgal való összefüggéseket.

Ezen nem kell nagyon meglepődni vagy megbotránkozni, ugyanis pont a démonok azok akiknek nincsen saját testük de uralmat tudnak gyakorolni embereken ha olyan bűnökben él amik jogot adnak ilyen alacsony rendű szellemi lényeknek egy emberi testet birtokolni.

Ezt nevezzük csak szép régies kifejezéssel megszállásnak és megszállottságnak. Ilyen lehet ugyan a homoszexualitás az alkoholizmus a kényszeres önkielégítés, vagy pedofília esetleg kényszeres hazudozás, lopás, káromkodás vagy ezekhez hasonló dolgok, amiknek a gyökereit még lehet, hogy gyerek korból hozza az ember. És igen. Azokban a hatalmi körökben ahol ezeket a bűnöket és illegális dolgokat említettem mindig jelen van a démonizáltság. A démonok pedig nagyon örülnek ha testbe juthatnak, hogy kiélhessék a kínzó vágyaikat, perverzióikat. Maguk a démonok használják az embereket de őfelettük is uralkodnak olyan hatalmasságok akiket a saját ügyeik érdekelnek.

És beviszik az uralmuk alatt álló embereket olyan pénz termelési ágazatokba ahol tiszta lehet és nagy a jövedelem, hogy ebből olyan dolgokra tudjanak költeni amivel korlátozás vagy kontroll alá vehetnek bizonyos területeket, embereket, mechanizmusokat amik számukra használhatók.

Legjobban arról lehet felismerni őket, hogy minden területen irtani, pusztítani, rombolni akarják a kereszténységet, a keresztény értékrendet és mivel őket a kereszténység igen komolyan korlátozza, ezért szeretik elhitetni az emberekkel, hogy a kereszténység mennyi minden baj okozója az egész emberiség életében. Régebben a zsidókat üldözték ugyanezért.

Ugyanis a láthatatlan dimenzióban harc és szüntelen ügyködés van Isten uralmának a visszaszorításán és fordítva.

Szeretnék megakadályozni, hogy Isten és az ő érdekeltségeinek az akarata érvényesülhessen esetleg sok embert vonjanak ki a bukott angyalok közvetett vagy közvetlen irányítása alól. Mint említettem pont a keresztények lakta területen a legnagyobb a materializmus terjedése.

Nem csak az emberek életében de az oktatásban, a kulturális életben a politikában és szeretnék materialista világszemléletűvé tenni azokat akiket csak tudnak és elirányítani a saját kontrolljuk alatt álló embereket olyan pozíciókba ahol még több emberre tudják kiterjeszteni a saját akaratukat.

Ilyen embereket használnak mások életének olyan befolyásolására amivel jó távol kerülhetnek az Istennel való kapcsolattól. Számukra nagyon is végzetes lehet egy istennel közvetlen kapcsolatot ápoló ember szinte minden megmozdulása. Amikor egy emberi csoportnál vagy vállalatnál kiterjed egy olyan szellemi uralom ami szemben áll Isten eredetileg teremtett világával akkor a cég életében meg lehet figyelni, hogy a jól beosztott és okosan, átgondoltan elköltött pénz mégis kevés hasznot hoz, vagy amikor nem megfelelően vannak beosztva a jövedelmek akkor kimutatható, hogy sok felesleges dologra megy a kemény munkával szerzett jövedelem.

Ilyenkor van az, hogy elment a pénz egy sor olyan dologra amiből a következő hónapban nem tudnak felmutatni semmit. Ezeket lehet nevezni járulékos veszteségnek, Kell a pénz ide oda és elmegy felesleges nagy zabálásokra ahol a drága szakács drága főztje felett beszélik meg a fizetett prostituáltakkal az élet mély és nehezen megfogható filozófiai kérdéseit.

Persze jól képzett és diplomás örömlányokról beszélek akikkel előzőleg meg lehet beszélni, hogy a kedves vendégek akikkel a cég üzleti kapcsolata már régre nyúlik vissza, hogyan legyen kiszolgálva és lehetőleg legyen elcsábítva az is akinek családja van, mert az már jobb tárgyalási pozíciót is jelent ha tudunk valamiről amit a másik otthon nem szívesen beszél meg a családjával. És ez nem a munka miatt kialakult kábítószer függőség hanem egy olyan munkahelyi ártalom amit kivettek titokban a feleség hatásköréből és egy vérmes, szexéhes titkárnőnek látszó profi ipari kém kezébe adtak. Nemrég volt egy olyan botrány Németországban ahol egy magas rangú politikus volt kénytelen lemondani a posztjáról, mivel elcsábították Kínában a prostituáltak és természetesen levetkőztették ami azt jelenti, hogy az adatait hordozó kártyáit, mobiltelefonját letette valahova és amíg a lányok színvonalas műsorral szórakoztatták addig valaki lemásolta minden adatát még a telefonjáról is. Talán még fényképek is készülnek ezekről a bulikról.

Igazából mindenkit rövid idő alatt fel tudnak térképezni, erre valók az olyan prostituáltak akik nem feltétlenül azért vannak megfizetve, hogy a vendégek jól érezzék magukat. Azért említettem a „diplomás örömlány" kifejezést, mert ők képzettségüknél fogva a kor legmodernebb emberi lélekkel foglalkozó szakmájának ismereteit birtokolják és több oldalas jelentéseket tudnak írni arról, hogy ki milyen alkat, és mivel lehet a leghamarabb megfogni. Hogyan lehet nála hízelgéssel vagy ajándékokkal vagy magánéleti segítség nyújtással esetleg zsarolással, megvesztegetéssel engedményeket kicsikarni. Mivel a szellemvilágban a démoni hatások (bekavarások) évezredesek hiszen az ember ugyan halandó de ezek a lények több ezer éve foglalkoznak emberekkel ezért sokkal jobb pszichológusok, mint bárki más akik akár csak negyven éve gyakorolják a szakmájukat. És persze ezeket az információkat ők is rövid idő alatt meg tudják szerezni és amikor mennek a pályázatok a zsíros megrendelésekért vagy a jó pozíciókért, ők a saját főnökeik utasításai szerint nem az emberek vagy a cégek érdekei szerint gyakorolnak hatást az emberek világára hanem az uraik szempontjait követve ami lehet, hogy kiszorít a lehetőségekből is ilyen vagy olyan cégeket, vagy sokkal alkalmasabb embereket mint éppen azok akik megnyerik a pénzeket, szóval a dolog sokkal bonyolultabb mint hogy csak ügyesen megírt pályázatok vagy kenőpénzek legyenek mögötte. Ám szeretném elmondani, hogy ezeknek a szellemi lényeknek a hatásai rendszerint ha sikert is hoznak az emberek életében, tönkre is teszik azokat akiket használnak. Emberi roncsok lesznek akik közül nem egy sír hajléktalanként most is az utcán és okként vagy okozatként az alkohol és a prostituáltakat nevezik meg és persze, hogy az asszony elvitte a jövedelmet a házat, a vagyont és a gyerekeket... Akitől azóta egy másik pasi szedi el a hasznot és a gyerekek már kallódnak a nemtörődöm nő gyámsága alatt és délutáni edzés vagy külön óra helyett bandáznak olyan gyerekekkel akiknek ingyen adnak drogot idegenek az iskolával szembeni parkban. Persze, hogy a feleségekre is vadásznak és irányítani szeretnék őket szellemi lények és ilyenkor egy kis semmiségért is féléves, egy éves több éves szeretet és szex megvonásokat csinálnak, hogy a férfiak még kiszolgáltatottabbak legyenek a be nem töltött vágyaik miatt. Zsarolhatóak lesznek, kiszolgáltatottak lesznek és a vágyaikat prostituáltakkal pótolják, és ezért nem szeretik bizonyos cégvezetési körökben ha az ifjú harcosok az irodában házasok meg gyerekeik vannak.

Az ilyeneket nehéz éjjel kirángatni az ágyból, hogy azonnal menjenek be dolgozni. Többször is látható volt ilyen jelenet egy doku sorozatban ahol például a BMW gyárban egy autó hátsó ülésének a kényelmét zavarta egy alacsony tető és a főnök úgy döntött, hogy az egész tervező csapatot éjjel egy órakor behívatja a gyárba, hogy tervezzék át a dolgot. Ott kóvályogtak piros szemmel, némelyik még beállva az esti lazító gyógyszerek és alkohol hatása alatt, hogy két vonalat áthúzzanak egy számítógépes programban ami a tegnapi tízen négy órás munkájuk alatt került rosszul a tervek közé. Mert az új Bömbinek boltba kellett kerülnie a saját maguk által meghatározott időn belül. Ha egy napot is késett volna akkor körülbelül annyi ember került volna utcára amennyien ezekkel a tervekkel voltak elfoglalva.

Nem vagyok egy szőrszál hasogató figura de amennyi BMW-ben ültem... Lehetnének kényelmesebbek is. Mikor pedig egyszerű papírautóm lett Japánból a családi kisautóm legyorsulta és lámpáról, lámpára porig alázta az öltöny nyakkendős sofőrökhöz szokott autómárka kisebb, mutatósabb darabjait, hogy egy kicsit magammal is dicsekedjem.

Óh áldott ifjúkor, mennyi botlás és önteltség! Nem értem hogyan élhettük túl a saját naivitásunkat.

Köszönöm Istenem apám pofonjait amivel előre megakadályozta, hogy börtönbe kerüljünk vagy hullaházba.

El kell, hogy mondjam, hogy életem legerősebb igénybevétele nem a fiatalkori egész napozásaim vagy 16 órázásaim voltak hanem amikor szombaton és vasárnap is reprezentáltunk 17-18 órákat és egy helyben kellett ülni. A megkötött üzletek ugyan jól fizettek de éjjel dőlt a legtöbb kollégámból a gyűlölet önmaga a munkája és az üzletfelek felé, mivel alaposan megkínoztuk őket ők pedig minket. Akik közülünk negyven felettiek voltak azok mentálisan annyira megborultak a több évtizedes munka miatt, hogy néha csak hallgattuk, hogy milyen ostobaságok tudnak kijönni belőlük amikor a munka idő után kicsit iszogattunk.

Nem testi egészségügyi problémákra szedték marékszámra a gyógyszert hanem azért mert gyerekesen megfogalmazva begolyóztak. Aztán a tüneteket láttuk a cég tulajdonosán is aki annak idején még szívvel-lélekkel két emberrel kezdte ezt a saját vállalkozást. Túl a sok száz milliárd Eurós pénzforgalmon volt a férje lakása, Sajátot azért nehezen tudott volna venni, egy kopott Craislerje, ami már akkor kifutóban volt a hetvenedik tulaj és a roncstelep között és egy jó irodája ahol a munkát végeztük és fogalmam sem volt, hogy mekkora bevételt tudott minden hó végén elkönyvelni de havonta többször is több nagyvárosban bérelt nekünk szállást ahova leutaztatott minket üzletet kötni, mi pedig meg tudtuk venni a magasabb árkategóriába eső középkategóriás autókat amikkel egymás szemében tudtunk nagyok lenni de nem tudtunk luxus lakásokat venni. A legsikeresebb üzletkötők is olcsó munkás szállón lakott mert a nagyvonalú életvitelére rá épültek olyan „barátok" és hölgyek akik az ő fizetését pillanatok alatt felélték. Nevetve mesélte, hogy öltönyben és nyakkendőben ment a munka ügyi központba munkanélküliként segélyért és a negyven ezer forintos nyakkendője volt rajta, az arany nyakkendő tűjével ami ugyan látványra meggyőző tudott lenni de a túlhajszoltság a stressz miatt állandó depresszióval küzdött a nagy csillogás mögött, és hogy szabadulni tudjon ettől a kínzó nyomástól, amint kapott fizetést két nap alatt elszórta. Drága helyeken ebédelt és luxus prostik szolgáltatásait vette igénybe és bár olyan sikeres volt, hogy az alagútból is kidumálta a sötétséget, de semmire nem tudott vele menni. Majd a kölcsön adott pénzek kamatostól visszajönnek, ha a barátainak sikerül a vállalkozása amire adott nekik pár milliót, mert akkor ő csendes társ lesz és bevételeket fog ez neki jelenteni. Úgy tudom azóta szegénységben és nélkülözésben élt amíg meg nem halt.

Egy hölgynek sikerült tőle teherbe esnie aki ezért kifosztotta minden pénzéből, pedig egy rendkívül intelligens, magas fokon képzett és gyakorlattal rendelkező szakember volt. Abban az időben a szakmunkás fizetések jártak százötven ezer forint körül és mi kerestünk hétszáz és egy millió között ha jó ügyfeleket sikerült bedumálni. A munka időn kívül a pihenés és a szórakozás de még az alvásunk is valaki másnak a számláját gazdagította. Ez az az állapot amikor a pénzt láthatatlan szellemi erők uralják és áramoltatják. Nem tud az ember még önmagának sem elszámolni arról, hogy hova szivárog el minden. Hiszen még csak úgy sem tudnak belőle élni ahogy a szakmunkások akik megépítik a rájuk bízott dolgokat és használhatóvá teszik, és kapnak érte némi vékonyka fizetést és haza viszik a családjukhoz, leharcol tömegautókat glancolnak a hétvégén amire még tíz évig fizetik a részleteket és este a feleségük hozzájuk bújik és azt mondja jó éjszakát. Magasabb szinten élnek lelkileg mint azok akik bekerülnek ilyen sötét pénzügyi áramlatokba ahol a sóhajtás is milliókba kerül. Maga ez a rendszer ami nagy jövedelemmel és sokszor könnyen megszerezhető nagy összegekkel és drága ajándékokkal kecsegtet nem hagyja érintetlenül vagy hogy jobban fejezzem ki magam megkárosítatlanul azokat akik a részévé válnak akár úgy, hogy bele sodródnak ebbe az áramlatba vagy kemény munkával felverekszik magukat oda.

Még csak azt sem lehet megcsinálni ilyen szellemi lények irányítása alatt, hogy átgondolja és összeszedje magát az ember, hogy az anyagi csapdákból ki tudjanak jönni.

Az információ hatalom és mi emberek sokszor ki vagyunk zárva olyan információkból amiket mások megtudnak rólunk és amit a szellemvilág dimenziójában tevékenykedő lények megszereznek rollunk. Pláne azokból az infókból vagyunk kizárva, hogy mi a tervük velünk és a pénzünkkel, a kollégáinkkal a családunkkal...stb.

Mielőtt rátérnék a harmadik világ működésére még szeretném kicsit ha ennél az utolsó mondatnál elidőznénk egy kicsit. Ugyanis ennek a fejezetnek végül is az a célja, hogy nem csak a kommunikáció változatait bontsa ki hanem ez is, hogy a hatásait elmondja függetlenül attól, hogy ki milyen módszerekkel vagy szöveggel vagy rendszerrel biztosítja magának azt, hogy kivédje ezeket a káros hatásokat. Általában el tudom mondani azt, hogy a több évezredes tapasztalatok miatt már minden típusú emberre kifejlesztettek már módszereket, hogy egy egyszerű banánhéjon elcsússzanak vagy bonyolult rendszereket, hogy ne lehessen utána nyúlni annak aki miatt elesnek a pénzüktől a jövőjüktől és a megszerzett vagyonuk elússzon más emberek kezébe akiken keresztül végre arra fordítsák a felszabadult pénzeket ami látszólag pocsékba ment de fenn kell belőle tartani azt a gonosz pénzügyi rendszert.

Akár vallásos akár animista akár materialista emberről legyen szó. Lehet bármilyen dörzsölt valaki, mindig tudnak összehozni valamit ahol bukást tudnak okozni.

És itt van annak az Interperszonális módszernek az előnye amit jó szívvel ajánlok mindenkinek. Ez pedig a harmadik, eredeti világgal való szoros együttműködés, ami a romlottságtól mentes, ezért tisztán és jobban működik hatásaiban több jót adva mint amennyit attól a céljaink érdekében számolni szoktunk.

A harmadik világ isten közvetlen irányítása alatt álló világ.

Együtt véve a lázadó angyalok és az általuk uralt földi részt, sokkal nagyobb Isten területe és a hozzá tartozó lények létszáma. Korábban már utaltam egy Bibliai arányra ami tulajdonképpen a teljes teremtett világ egy harmadát számolja a lázadó angyalnak vagyis a Sátánnak az uralmi területének. Tehát ez a két harmada és nem áll olyan alsóbb rendű lények tevékenysége alatt mint a démon világ.

A démon világ az embernél sokkal alacsonyabb rendű és mesterségesen kitenyésztet fajzatokból áll, jelenlegi tudásunk szerint, amik korlátolhatók ha megfelelő szakértelemmel képesek vagyunk őket és a munkájukat megakadályozni. Ahogy azt már szintén említettem volt az Isten által teremtett világ nem romlott hanem az eredeti, a romlatlanságtól tisztán megmaradt világ amiben az angyalok erősebbek a bukott angyaloknál, hiszen tevékenységeikhez közvetlenül az az erő tölti fel őket ami a megteremtésükkor eleve el lett a számukra tervezve.

Egy hasonlattal élve, ilyen a földön például a szívó diesel motorok amik tisztább dolgokat pufognak ki ha étolajjal működtetik őket mint az a gázolaj keverék amit a benzin kúton árulnak, mivel a diesel motor atyja eleve növényi olaj felhasználásra tervezte őket.

Az angyalok is az erejüket a világnézetüket, abból a szeretetből nyerik amit Isten feléjük fejez ki.

Onnan tankolnak.

A lázadó angyalok ugyan nálunk erősebbek, bölcsebbek, évezredes tapasztalataik mellett már sok olyan dolgon át kellett menniük amivel egy ember a röpke élete során találkozik és számára igen megrázó ami egy angyalnak rutin.

Ezért az ember könnyebben elkápráztatható a tapasztalatlansága folytán.

A Diesel motorral szerelt autók rég elhagyták a növényi olajjal való működést és az a gázolaj keverék amit gyártottak hozzá olyan szennyező, hogy magát a motort is szeretnék a zöldek betiltani annak ellenére, hogy volna hozzá olyan üzemanyag aminek a környezetbe kerülő végterméke nem tartalmaz olyan kormot és káros anyagokat amikre ők allergiásak és ugyebár az Istentől elszakadt angyalok is kénytelenek az eredeti üzemanyagukat máshonnan pótolni ezért az emberekkel imádtatják magukat hamis istenként és kőszobrok vagy hamis ideológiák meditációs gyakorlatain keresztül az emberek energiáival próbálják feltölteni magukat. Az emberek reményeit és szeretetét és imádását használjákfel mint üzemanyagot. Nekik életbe vágóan fontos, hogy imástassák magukat valamin keresztül az emberekkel.

Meg lehet nézni azokat a sztárokat a világban akik a rajongóiktól sok szeretetet kapnak. Mosolygóssak, és lélekben erősek, tele életvidámsággal és mégis szerények és előzékenyek másokkal és jó társaság. Eggyel kettővel én is találkoztam és pár szót mindig tudtam beszélgetni ilyennek és jó fejek voltak, aranyos embereknek ismerheti meg őket a külső szemlélő, és néha az az ember érzése, hogy bárcsak én is ilyen nagyszerű ember lehetnék.

De vannak olyanok is akiket ez a hírnév és rajongás tönkre tesz. Ez különössen olyanoknál fordul elő akiket már imádnak is. Be tudnak zárkózni nem tudnak mit kezdeni olyan teherrel mint a túláradó szeretet és annak ellenére, hogy sok sikár áll mögöttük és sok pozitív visszajelzés, mégis az öngyilkosságig elmennek, mintha tönkre mennének ettől. Rossz üzemanyag került a motorba. Legtöbbször már áll mögöttük olyan sötét szellemi dimenzióból álló lény ami sikreket ad nekik de az ebből feltöltött szellemi erő kipufogólya azokat a gázokat eregeti vissza arra akit használ, hogy az nem tudja elviselni és elfogy körülötte a levegő. Belehalnak. (Mishael jackson) (Kurt Kobain) (George Michael párja is ezt állította a rendőrségen) Szeretnek nagy sztárok mögé is bállni erősebb bukott angyalok akik végül a jelenlétükkel és a negatív szerepükkel végül tönkre teszik azokat akiket használnak de melletük állnak a színpadon és veszik a közönségtől lelkesen a rajongást, imádást és egyébb szeretet teli dolgokat és visszasugározzák rájuk a saját sötét szándékaikat.

A sztárokért való rajongás egy vallási magatartás amit eredetileg Isten a saját és az ember személye közötti magas kommunikációs formára tervezett. Az ördög ezt igen jól kihasználja a fiataloknál a zenében de vallásos tömegek imádását is le akarja nyúlni és ezért vannak még a keresztény körökben is olyan sokan becsapva és ennek nagyon nagy az iparága. Ezért van az, hogy ahol ők megjelennek ilyen olyan formában oda hamarosan építettnek a saját tiszteletükre egy helyre kis kápolnát vagy kegyhelyet vagy egyéb „bogyó morzsoló" épületet, vagy szerzetes lerakatot. Ebben a rendszerben sem nehéz elhelyezni, hogy azok az emberek akik közömbösek a természet feletti irányt néha használja őket a természet feletti valamelyik része néha nem és jutnak ahova jutnak.

Azok akik valamilyen módon ahhoz a szellemi világhoz kapcsolódnak amelyik szemben áll isten országával, nem feltétlenül vannak ennek tudatában, vezérelheti őket a jó szándék de több ilyen okkult erőt engednek be az életükbe ami használatba veszi őket és valamennyit vissza juttatnak.

Ahogy korábban már megjegyeztem, hogy nem láttam olyan okkult erő használót aki minden héten előre tudta volna a nyerőszámokat a lottón és el is vitte volna azt. Sőt. Mindig nagyon nagy ára van ennek az oldalnak a használatánál amit a szolgáltatásaikért vissza kell fizetni mivel inkább ők akarják használni az emberiséget. Nyilván valamennyit vissza is szivárogtatnak de az ő üzletpolitikájukba beletartozik a lopás a kizsákmányolás a rabszolga sorba döntés a túlhajszolás. Aki tehát tudatosan igénybe veszi ezen erők szolgáltatásait, az egy bizonyos ponton vagy ügyben előnyre tud szert tenni akár bűnösként is képes lesz pert nyerni vagy a semmiből hirtelen meggazdagodni de a többi területtel és az életével fog fizetni érte.

Nem feltétlenül fog korán meghalni de feltétlenül olyan dologra lesz használva és olyan dolgokat kénytelen megtenni amit nem akar. Ezek mellett az idegeik az egészségük a mentális állapotuk is gyógyszerekhez, mankókhoz, segédeszközökhöz kényszeríti őket.

Megjegyezném, hogy láttam már olyan „sikeres" üzletembert aki csak azért, hogy az áruház parkolójában közelebb állhasson a bejárathoz, jó pénzért rokkant kártyát igényelt és ki is tette az autója szélvédőjére, pedig semmi baja nem volt.

Érdekes volt egy sok tíz milliós fekete luxuscirkálón a kék rokkant kártya, miközben semmi baja nem volt a szóban forgó „üzletembernek" aki egyébként sok embernek csak azért neki ment, fenyegette őket és zsarolni próbálta, hogy mindenkit megalázva megmutassa ki az úr a házban.

Volt is „tekintélye" de nem kellett tíz év ahhoz, hogy mentálisan is megboruljon és az egészsége is úgy rámenjen erre az alfa hím bizonygatásra, hogy mára már valóban rokkant kocsira van szüksége ha a korábbi elnyomott kereskedők azóta nem vágtak vissza neki. Annyi esze mindenkinek van, hogy ha annyira sarokba szorították, hogy a családja vagy a saját élete védelmében már a rendőrséget sem tudja, meri segítségül hívni, hogy vesz egy pár ezer forintos pisztolyt és lelövi a fenyegetőjét.

De említhetném a híres Al Caponét is akiről feljegyezték a börtönőrök, hogy egész éjjel egyedül volt a cellájában és nem tudott aludni, hanem hangosan vitatkozott valakivel és kiabált és a legszélsőségesebb félelmet mutatta napokig. Persze vadásztak is rá sokan és ezen felül olyan szellemi szférából is kapott kísérőket akik őrajta keresztül irányították a bűnözést és nem kis befolyással voltak az emberi világon túl is és nem érdekelte őket, hogy akiket használnak hogy félelemben tartsanak a saját területükön élő üzleti életben részt vevő embereket, azok tönkre mennek és az is akit használnak a fizikai világban annyira, hogy a fáradtságtól össze esve tudnak csak elaludni mert maguktól nem mernek vagy nem tudnak.

Nálunk is élt egy ilyen férfi aki az egész városunkat lefedte bizonyos tevékenységével és a környező kisvárosokat is, hogy befordult egy mellékútra és hátra döntve az ülést két napig egyfolytában ájultan aludt. Nem egészen egy évre rá, hogy ez megtörtént tűzharcban vesztette életét amit az őt üldöző rendőrökkel szemben elveszített.

Nem materialista emberekről van szó.

De volt olyan esetem amiben sokkal valószínűbb, hogy okkult erők materialista embert használtak bizonyos bűn típusban való részvételre.

A nővéremre szóltak rá egy autóból és hívogatták férfiak, hogy üljön be.

Én akkor már nem kezdőnek számítottam a szellemi területen, és a nővérem vissza szólt a férfiaknak akik lányokra vadásztak. Nem volt kellemes a számukra, hogy komoly visszautasítást kaptak sőt... Be is lőttek a házunk ablakán puskával. Természetesen nem voltam én sem olyan védelmező hiányában aki ne tudott volna a szellemi területen rendet csinálni. Kérelmeztem is erre vonatkozóan védelmet a család számára és a környék biztonsága érdekében ezeknek a lányokra vadászó embereknek az ügyét személyesen ajánlottam figyelmébe Istennek. Hamar le is szálltak a családomról, és pár év múlva hallottuk, hogy egy hajnalon több mint 150 Km/h-val betonkerítésbe rohantak ezek az emberek, amikor az őket üldöző rendőrautó elől próbáltak elmenekülni.

Nem közvetlenül az okozta a halálukat ami a velünk való összeakaszkodásuk során történt, ám azzal összeütközésbe kerültek Isten országának az ügyeit forgató, intéző és védelmező szellemi lényekkel, így azok a sötét szellemi lények nagyon megroppantak akik a nagylegénykedésük során betévedtek olyan területre, családokba védelmezett személyek életébe, amit jobb lett volna ha békén hagynak, de azt elmondom, hogy nem feltétlenül a véletlen műve hogy egy betonkerítés okozta a halálukat. Vagy, hogy több mint száz ötvennel kanyarodtak egyenes úton. Ugyanis ha már nem tudnak használni az isten országával szembe helyezkedő szellemi dimenzióban mozgó lények akkor néha jobbnak látják ha azokat akiket használtak valamilyen módon megölik.

Keresnek helyettük másokat.

Amíg Istentől elfordultan, hamis istenekben hívő emberek vannak addig a kiépített és folyamatosan épülő hálózatuk az emberek használatában mindig ad az ő számukra olyanokat akiket tudnak használni.

Viszont akik Életüket Hozzá igazítják istenhez és az ő akarata szerint kezdik el az életvitelüket folytatni sőt a régmúlt bűneit is elrendezik, megúsznak egy sor felesleges feszültséget ami egyébként lehet, hogy kezelhetetlenné is válna. Sőt a békülés folyamata régi ellenségekből csinál szövetségeseket és barátokat akik azért sokszor tudnak és végül is akarnak segítséget adni a saját szövetségeseiknek. Istennel is lehet ilyen szövetségi viszonyban állni. Amiről beszélek az egy olyan életvitel elhagyása, és megváltoztatása ami néha keresztbe megy Isten törvényeivel és szándékaival.

Ilyen vállalkozások egyébként jócskán akadnak.

Megfigyelésem szerint azok a becsületes vállalkozók akik még a hitüket is bele viszik a vállalkozásba Isten oldalán és sokszor Isten terveit és munkáját támogatva, olyan stabilizálódáson mennek keresztül ami nagy világválságok ellenére is működőképes marad.

Ezzel náluknál dinamikusabban fejlődő vállalkozásokat is túlélve vagy azoknál nagyobbra növekedve.

Még akkor is, ha nem rendelkeznek nagy üzleti kapcsolatokkal vagy zseniális üzleti tervekkel, esetleg olyan bevételekkel amik azoknak a cégeknek van akik annak ellenére, hogy multik és több lábon állnak, mégis összeomlanak a megrázkódtatások során.

Nem minden cég lesz a világ legnagyobb cége valamiben ami a tevékenysége területét jelenti de sok olyan felesleges harcot megúsznak ami csak energia vámpír emberek vagy események megjelenésével kapcsolatos. Egy régi céget ahol dolgoztam már csak a neve miatt is feljelentették, mert valahol máshol egy hasonló cégnév létezett valahol.

Csak pénzre számítottak a feljelentők akik ezzel foglalkoztak.

Felesleges körök amik csak pénzt akarnak áramoltatni más területekre, amit szeretnének fenntartani és működtetni a szellemi szféra kisebb-nagyobb vezetői és ilyen kapzsi embereket használnának akik egyébként csak elcsajoznák a pénzt vagy drága autókkal kápráztatnának el más embereket akik erre fogékonyak, de van arra is rengeteg példa, hogy a meglevő pénzét szeretné megsokszorozni az ember ezért a szerencsejáték gazdagságot és sikert ígérő barlangjaiban elkockázza, vagy a rulettnél elpörgeti a zsebében levő összeget.

A célok szinkronizálása.

Azoknál akik az életüket saját kezükből Isten kezébe adják, és természetesen szeretnék a vállalkozásaikat megtartani amit nem valami termék hamisításra, utánzására, szerencsejátékra, kocsmák üzemeltetésére akarják használni, hanem gyártanak eszközöket, vagy szolgáltatásokat nyújtanak, jól teszik. Nem mindenféle tevékenység felel ugyanis meg a szinkronizálás elveinek.
Egy jó vállalkozás generációkon át tud biztos megélhetést adni és a jól megvetett alapok sokáig tudják viharokban is tartani a falakat amik biztonságot tudnak adni a lakóknak. Vagyis egy jól megcsinált vállalkozás anyagi biztonságban tartja az embereket, és a szűkölködés ellen meg a piacon dúló ide-oda fújó szelek ellen biztonságot ad. Olyan mint egy jól megépített ház.
Azok számára akik szeretnék az életüket, tevékenységüket olyan szabályokhoz igazítani ami minél távolabb van a világegyetem bukott szférájától és az eredetihez akarja igazítani, le kell mondani azokról a dolgokról amik a bukott világhoz tartoznak. Személyes térben ez úgy néz ki, hogy a lopás, csalás, dohányzás, italozás, prostituáltak, harag, megbocsátatlanság, gyűlölet, szadizmus, mások nyomorgatása, lenézése, lekicsinylése és beképzeltség mentessé kell tenni az embernek saját magát.
Ha jól megfigyeli a kedves olvasóm ezt a felsorolást akkor ebben talál cselekvésre utaló magatartást és érzelmi állapotra utaló dolgokat amik a mentális állapothoz köthetők. Nem a megfelelő sorrendbe tettem ezeket. De kihagytam vallási dolgokat amiket már korábban érintettem.
Ezek röviden azok az Istentől elszakadt bukott angyalok tisztelete amik kegyhelyeken keresztül, bogyó morzsoló és szavakat ismételgető, mantrázós imákkal operálnak és szobrok állatok vagy egyéb kövek, fémek fák imádásába viszik az embereket ami a távol-kelettől a nyugat legvégéig minden országban különböző formákban előfordulhatnak. Régi hiba a rendszerben, hogy akár Isten nevét is használják vagy a szentírásból kiragadott részek túlhangsúlyozásával operáló egyletek, páholyok, vallások akik azt hirdetik magukról, hogy mindenki mindent elrontott de ők jól csinálják, igen megtévesztőek tudnak lenni, én magam is ezzel a szolgáltatással egy régi dolgot ragadok meg ami viszont évezredekig jól működött és akik csak anyagilag megtehették akár a személyükért akár a családjukért közbenjárásra, mediálásra kértek fel olyan személyeket akik ezt képesek voltak felvállalni és végezni.

A vállalkozások vagy cégvezetés esetleg egy politikusi pályafutás is hasonló dolgok mentén igazodik de egyik sem kerülheti el a személyes életvitel változást. Ha a személy jó irányba fordul akkor annak van gravitációs tere és a körülötte keringő emberek először megzavarodnak és lehet hogy nagyon tetszik nekik a változás de lehet hogy nem. Minden esetre a megszokott vagy az előre prognosztizálható mozgás irány a környezetet is érinteni fogja. Mint ahogy a lámpát felkapcsolják és először vakít a fény de aztán tisztán látni mindent és látszik az is, hogy a kialakult rend vagy rendetlenségben mit hova kell pakolni. Politikai pályafutásnál különösen azért fontos egy állandó mediátor jelenléte és munkája mivel a politikus bukásán akár ezrek vagy tízezrek is dolgozhatnak. Már említettem olyan politikust aki úgy lett lefilmezve, hogy éppen füvet szárított és arról beszélt, hogy „aki nem keres évente 150 milliót az hülye". Itt látszik az hogy a hite ellenére kik szinkronizálták őt magukhoz. Van akit pénzel lehet megvenni és van akit nehéz helyzetbe kell hozni, had érezze jól magát és közben titokban lefilmezik. Így járt az a politikus aki Kínában elment egy kupleráјba és a lányok szórakoztatták csak valamelyikük közben lemásolta a telefonjáról az összes adatot. Jelszavak, telefonszámok, családi fényképek, iratok, lefényképezett dokumentumok....stb. De akard olyan is mint már említettem aki egy masszázsra fizetett be és a vége egy forró szeretkezés lett. Két emberes helyzet de valahogy mégis ott volt egy kamera. Mindig figyelve vannak és mindig pellengérre vannak állítva. Akkor is ha nem követtek el semmit és akkor is ha igen. Sőt sokszor a jó cselekedeteiket is nagy gonoszságként tálalják. Módszer ellenük még a rajtaütés szerű rendőri intézkedés ha nem tudnak fogást találni rajtuk és a lefoglalt elektronikus eszközeikre. Laptoppra, telefonra meztelen kisgyerekek képeit töltik fel. Utána próbáljon csak visszatérni a korábbi tevékenységeihez. Nem fog menni soha többé és örülhet a családja, ha nem lesz öngyilkos a végén. Persze a család és a felépített szép és biztonságos otthon és az otthon melege sem lesz már többé jó. Jönnek a perek meg a válóper ha az asszony összeomlik és nem bírja a nyomásokat.

A legnagyobb de még a legkisebb vállalkozások élén álló emberekkel is megcsinálnak időnként ilyesmiket. Ugyanúgy ahogy a személyi védelemre egy kisebb iparág épül már régtől fogva a veszélyeztetett emberek, a minisztériumokban dolgozó alkalmazottak és miniszterek tudására, titkaira is épül egy iparág ami ezek megszerzését tűzte ki célul. Ritkább esetben a gyilkosság általi félre állítását de gyakoribb esetben az erkölcsi tönkretételüket veszik célba. Nem egyszer a célja a támadó erőknek nem is maga a politikus hanem csak útjában vannak sokkal nagyobb területet leuralni akaró embereknek, cégeknek, érdekcsoportoknak és nem nézik, hogy az aki az útjukba van

mennyire megy tönkre és akár az élete is tönkre megy annak akin keresztül gázolnak, úgy, hogy még a gyerekei de még az unokái is érezni fogják az ebből fakadó rossz következményeket. Vagyonok úsznak el ilyenkor és életek mennek tönkre.
Nem lehet mindenkit saját magától megóvni még fizetett testőrökkel sem de mégis fontos, hogy a fizikai síkon is védett legyen az ember, erkölcsi fedhetetlenségben is éljen, mert vádak mindig is lesznek és vádlók és olyanok akik a gyűlölet keltéssel fanatizálhatók és ezek akár a gyilkosságig is elmennek, amit viszont nem lehet védelem nélkül hagyni az pont a szellemi dimenzióból az emberre irányuló rossz akarat.
Szerencse játékkal, babonás jelek viselésével vagy babona praktikákkal előbb húz magára az ember az életét negatívan befolyásoló erőket mint Isten őrá kiterjesztett védelmét.
A királyoknál, a királyi udvarban nem a falusi kispapok miséztek és imádkoztak értük hanem olyan királyok akik azt fontosnak tartották kialakították maguknak egy olyan kört akik állandó jelleggel őértük mentek Isten elé és a céljaikat ennek megfelelően igazították isten ügyeihez is.
Mind az, hogy támogattak magas rangú papi hivatásban álló embereket, mind a keresztény Európában mind a közel-keleten ismeretes és bevett szokás volt. Most is ismeretes de eléggé megosztott. Sőt azt is merészelem állítani, hogy többen fordulnak okkult praktikák felé a saját életük, karrierjük előre mozdításáért mint amennyien isten felé fordultak.
Európa egy olyan keresztény kontinens ami felemelkedését és erővé válását a Kereszténység felé való fordulásának köszönheti. Most pedig a hanyatlását olyan divatoknak köszönheti, amik okkult szellemidézéses szeánszok felé irányították a társadalom felső rétegeit a 19-ik században és olyan társadalmi berendezkedéseket kényszerített rá a lakosaira mely isten tagadást nevelt az emberekbe és az iskolában a gyerekekbe. A mi generációnk már úgy nőt fel, hogy a tudományban hisz a nagy többség.
Az ember ugyanis nem tud hitetlen lenni. Ha letagadják isten létezését és követik Nichét a véleményében, hogy nincs Isten hanem az ember az Isten akkor ugyanabba az őrületbe is fognak belefutni amibe ő, amikor élete vége felé a komoly Istenkáromló de jól megfogalmazott elmebetegségei, mi szerint ő Isten és ő a Sátán is, végül olyan állapotba vitték ahol a saját húgát veszi el , őrjöng, képtelen a boldogságra és még a székletét is másoknak kell kivinni alóla. Ilyen elmebetegségek mögött természetesen nem emberi logika áll és nem is tudomány. Hanem olyan szellemi lények akik nagy ideológiák gyártására használtak amelyek az emberiséget komolyan befolyásolták

Istennel való szembefordulásra és a sikeres munka közben ez az ember tönkre ment. De a filozófiája nyomán sokan mások is elindultak végezni ezt a munkát akik szintén nagy hatással voltak a környezetükben a tudomány felhasználásában Isten tagadásra. Itt elmondható, hogy nagyipari méretekben folyik az Isten ellenesség propagálása és terjesztése, hogy ne Isten felé forduljanak az emberek, hanem vele szemben az önmagát Isten meg hit elleneseknek és a semleges ateisták köreibe. Erkölcsileg és szellemileg igen nagy hanyatlás következett be, pont a keresztény értékrendek követésével naggyá vált kontinenseken.

Valamiért nem Buddhista országokban terjedt el az a nézet, hogy a föld túl népesedett és ezért ki kell irtani az emberiséget. De nem is az afrikai kontinens tette ezt magáévá és nem a beözönlött muszlim közösségek akiknél tisztesség ha tíznél több gyerek van a házban. Ha tudjuk, hogy az emberiség két világ közül választhat és tudjuk, hogy melyik dimenzió érdeke, hogy az emberiség elforduljon Istentől akkor jól át lehet látni a mai helyzetet és jól át lehet látni a történelem mélységeit, hogy mi kiért történt és hova fog kifutni a történelem végén a sok kuszának tűnő szál. Míg azok akik nem ezen világnézet szerint gondolkoznak nem tudnak semmire sem menni a mostani információkkal és néhányan bátran kijelentik, hogy a történelemnek nincs értelme és ne is keressen benne senki logikát. Híresnek lehet ilyen kijelentésekkel lenni de eredményei sem a tudományban sem az oktatásban sem az egészségügyben sem a politikában sem a magánéletben soha nem volt és soha nem is lesznek. Nincs igazuk.

A történelemnek is van értelme mint ahogy van értelme annak is, hogy az ember férfi vagy nő van értelme, hogy hol született. Az ember nem darálék, nem felhasználható alapanyag és nem felesleges rákbetegsége a földnek hanem nagyon is a felelős irányítója. Minden embernek van életcélja még ha nem is vette észre amit végeznie kell vagy be kell teljesítenie és ezek az élet célok mindig Isten céljaival párhuzamosak, azonosak és soha nem kerülnek Istennel és az ő törvényeivel, törekvéseivel szembe. Persze van olyan élethelyzet, pláne ezen a bolygón ahol élünk, hogy az ember ezt nem látja, nem tudja észre venni, távolra kerül annak megvalósításától. Sőt ha tudja, érti és csinálná is, akadályoztatva van. Az ilyen helyzetekben jól jön egy mediátor aki oda tudja tenni magát, hogy bizonyos akadályt jelentő szellemi feltételek elháruljanak és a helyükre kedvező feltételek alakuljanak ki. Ilyenkor van az a jelenség, hogy valami elkezd minden logikus magyarázat ellenére sikertelenből sikeressé lenni.

Akár egy termék népszerűsége vagy akár egy karrier elindulása egy cégen belül vagy maga cég de akár politikai törekvések. Nagyon fontos látni és észrevenni, hogy a

céljaink szinkronizálása előfeltétele egy sikeres életút szakasznak. Vagy akár egy egész életútnak.
Gondok, bánatok akadályok előre nem látott események akkor is lesznek de könnyebben átmegy rajtuk az ember vagy ha kevés az erő akkor a hiányzó lendületet kipótolják odafentről.
Egy érdekes példa sorozatot had mondjak erről.
Egy interjúban lettem figyelmes egy több évtizede sikeres együttes magasan ívelő zenei pályafutásának titkára amit maga az egyik zenész mondott el, amikor arról faggatták, hogy az új dalok hogyan születnek a próbákon.
Ez az együttes a Metalica volt. A srácok elmondták, hogy amikor a stúdióban összejönnek mindig egyfajta fegyelmezett szertartással kezdenek és az az első dolguk, hogy imádkoznak a Sátánhoz, hogy olyan dallamok és szövegek kerüljenek megalkotásra általuk amik az emberekre a legnagyobb hatást teszik és őket a csúcson tartja, cserébe pedig a Sátán fogadja el a rajongóikat tőlük áldozatul és azt kezdhet az életükkel amit csak szeretne. Természetesen elég megnézni ennek az együttesnek a „Master" című dalának szövegét és egyáltalán nem rejtett utalásokat találnak arra a kedves olvasóim, hogy egy Sátánt dicsőítő vallási énekről van szó amiben leírják a pokolt a tüzet, a sötétséget és hogy ki mozgatja az embereket.
A zene természetesen pszichológiailag megnyitja az embereket és azok át is adják magukat a dob Ritmusának a kemény dallamoknak és amíg élvezik a zene sodró lendületét kántálják a szövegek szellemi dimenziójának vezető személyiségét magasztaló éneket aminek egyik része az, hogy magukkat alárendelik ennek az úrnak. És bele élik magukat olyan igazságokba, hogy ez a „mester" csak hazudik nekik és dróton rángatja őket. Talán nem kell elmondanom, hogy milyen sikeres pályafutás áll a Metalica mögött. Mások is vannak hasonló sőt sokkal nagyobb zenei és ének tudással és írtak már sokkal jobb dalokat is de mégsem azok maradnak ilyen hosszan egy olyan karrierben ami már már az ókori hadvezérek, államférfiak, hősök nimbuszánál is nagyobb, akiket mondák és legendák között emlegetnek néprajzban és a történelem könyvekben.
Egy másik ilyen eset Magyarországon történt ahol egyébként a gyanú fenn áll.
Egy okkultizmusról szóló könyvben részletesen taglalták ugyanazt a témát egy középkori példával amikor egy iparos ember szerződést kötött az ördöggel, és szerette volna az egyik város folyó feletti hídját jó nagy összegért megépíteni, de ugye a költségekből nem feltétlenül tud az ember annyit lefaragni amennyi kell. A történet szerint segítséget kért és segítséget kapott az ördögtől és hamar el is készült a híd, úgy,

hogy anyag is ember is, költségek is ideális módon maradtak azon keretek közt ami a vállalkozó számára a legjobb volt. Gondolom nem egy boszorkány per vallató előestéjén lettek elmondva ezek a dolgok. De ki tudja ma már azt ellenőrizni. Az alku úgy szólt, hogy az ördögé lehet az első lélek ami átkel a hídon. A szokás régen is és ma is az, hogy a hidak átadásánál ha az fontos, meg sokba kerül, hogy prezentálják a város vezetői saját magukat, hogy az ünnepi keret a híd és az alkalom jó színben tüntesse fel őket és az utókor szobrot állítson majd nekik. Ám ez a szemfüles vállalkozó mielőtt átkelt volna a város elöljáróival Ausburg városában az általa megépített hídon és nehogy mint vállalkozót előre engedjék átkergetett a hídon egy kecskebakot, hogy viccet csináljon a teherbírásából. Eddig a legenda. És ha ez régen legendákban is szerepelt, sőt hadvezérekről és politikusokról jegyezték fel, hogy keresték a szinkronizációs pontokat a szellemi szféra és a fizikai valóság között, hogy odaát is jóindulattal tekintsenek az ő törekvéseikre, és segítséget kapjanak áldozataikért cserébe, akkor ezt ma is komolyan lehet venni. Nagy Sándor ha átlépett egy országhatárt ahol ő hódítani szeretett volna mindig gazdag áldozatokat mutatott be azoknak a szellemi uralkodóknak akik abban az országban istenként voltak tisztelve.

Elég gyorsan meg is hódított nagy földterületeket egészen índiáig.

Magyarországon pedig történt, hogy egy Budapesti térségben, nagyon menő fürdőt szeretett volna építeni egy valaki. Vagy egy társaság. Egy cég, több cég együtt.... Valakik. Ehhez pedig megkaptak engedélyt, átmentek mindenféle ellenőrzésen, megfelelő szűrőkön és a munkát elvégezték, a helyet feldíszítették és hoztak vizet a lavórba. A belső környezet a dekorációk Angkor wat belső építészeti stílusát idézte. Essőisten ábrázolások bámulták a vidám gyerekeket, ahogy kellett mint Angkor watban az utcán hömpölygő tömegeket akik napi rutinjukat végezték.

Angkor wat egy gazdag város volt régen.

Sok nép és kereskedelmi útvonal és sok vallási terület találkozása közelében épült és regnált. Zseniálisan kiépített öntözési rendszere lehetővé tette, hogy évente háromszor arassanak rizst. És egyéb dolgokat.

A szárazság évi hat hónapjában sem volt öntözés nélküli föld. Így nem csoda, hogy a fürdő ezt a szellemi képet másolja. Ám ahogy az lenni szokott a gazdagság oda vonz nem kívánatos elemeket az esőt és a napsütést szabályozó isten által felkarolt városba és nem csak a kereskedelem és az ipar központosult ott a pénzforgalommal egyetemben hanem az irigyek is akik meg is tudnak mozgatni egész hadseregeket.

Persze bárki tud egy gazdag helyen a sokból éldegélni. Kit ne vonzana ez a lehetőség? Jöttek is a háborúk a seregek és a vallási irányzatok.

A városban állítólag buddhista, hindu, és Thai vallási épületeket, szobrokat és tereket, de megtalálható a muszlim világ új lenyomata is. Gondolom költöttek hadseregre és költöttek védelemre. Ám ha a belső lakosság olyan multi kulti, hogy a thai seregek előtt megnyitják az ajtókat a Thai vallás ott lakó képviselői, és elfoglalják azután pedig Visnu képviselői erre fel segítséget hívnak máshonnan és azokat beengedik azután a Buddhista lakosság próbál hitet és kungfut gyakorolni és ők is részt akarnak venni és gyökeret verni azon a helyen a mindennapi életben és a szárnyait bontogató Iszlám is hasonló rész követelő kultúrának számított.
A város a tízen egyedik században élete fény korát, és akkoriban a vallás olyan volt, hogy azt az istent akitől az esőt várták vagy a búza-rízs érlelő napot, nap istennek is nevezték.
Egyiptomban Mózes ezt az istent alázta meg Egyiptom népe előtt amikor a tíz csapás egyikeként három napra eltakarta az országban a napkorongot. Míg Egyiptom egy részén és a környező országokban megmaradt a normális napi rutin.
Felkelt reggel és elnyugodott éjjelre. Tehát még egyszer mondom, az eső isten sok kultúrában nap isten is. Sokszor a főistennél akit nem feltétlenül neveztek eső vagy napistennek hanem valamilyen külön néven nevezik, és úgy könyörögtek jó időjárásért. Milyen áldozatokat is mutattak be ennek az eső istennek?
A már említett Egyiptomi kultúrában sok falfestményen a különböző uralkodók, főemberek meg lettek örökítve amikor áldozatokat mutattak be. Szelfi bot nem lévén egy tehetséges rajzoló örökítette meg őket festékkel egy falon. Az akkori kor Mikelangeloi részletesen felrajzolták a falra a föld gyümölcseit a legkisebbektől a legnagyobbakig. Más területeken és főleg a sámánista-animista vallások állat áldozatokat visznek a szellemek elé akiket meg akarnak nyerni a jó legelőkért és kövér fűért, hogy essen is meg süssön is a nap. És a szellemek tiszteletére csinálnak egy eszem-iszom ünnepséget ilyenkor. Általában leölnek egy kecskebakot vagy fehér lovat áldoznak vagy hasonló állatokat. A leölt állatok részeivé válnak az ünnepnek míg bizonyos részei az áldozati ajándékot képviselik.
Ezt azért csinálják, mert a kedves vendég a házigazda asztaláról abból az ételből kap amiből a házi gazdáék esznek. Had érezzék jól magukat a szellemek. Asztal közösség. A családi összetartozást általában az asztal-ágy közösség jelenti, jelképezi, gyakorlati elemként. Tehát megvendégelik a befolyásos szellemeket.
Ám azokon a helyeken ahol nem ezek a szokások alakultak ki ott komoly ember áldozatokat is bemutattak. Természetesen azok a civilizációk amiket a történelemből megismerhettünk, a Közel-Keleti az Észak-Afrikai, a Görög kultúra és a Római kultúra

tiltotta az emberáldozatokat de titokban szekták és páholyok éltek még ezzel az eszközzel akár politikai hatalom megszerzése érdekében is. De Angkor wat és az onnan kelet felé irányuló vallások még éltek az emberáldozat lehetőségével és különösen az Indiai hindu szekták szerették.
Sőt Dél-Amerikában is.
Részlet a Wikipédiából:
Tlalok, Azték esőisten (Nem siratja Mexiót)
„Szertartások"

„A tiszteletére végzett szertartások színhelye a Texcoco-tó mély örvényeinél volt. Csecsemőket és kisgyerekeket áldoztak a tiszteletére. Ha a gyermek felsírt, az annak a jele volt, hogy közel az esős évszak.

Tenochtitlan közelében a Tlalok-hegyen hatalmas szobra állt fehér lávakőből, melynek feje felülről nyitott volt, ahova az esős évszakban táplálékadó növények magvait szórták áldozatként. A főterén, a Nagy Teokalli tetején állt az ő szentélye, Vitzilopocstlié mellett; ezt alakította át 1519-ben katolikus szentéllyé Cortez. „

Valószínűeg ez a Texcoco tó volt az akkori strand és fürdő kultúra egyik fontos színhelye. Bármit akartak ezek a szorgalmas Aztékok azt megerősítették az isteneik felé ember illetve csecsemő áldozatokkal mint a Közel-Keleti Moloch istenségnek szokták a csecsemőket áldozni csak a Moloch egy vas kemence volt amiben tüzet raktak és beledobták a síró csecsemőt. De nem akarok elkanyarodni a vizes témától.
2009-ben a vízvilág megnyitotta kapuit és a nagyközönség örömmel vette igénybe a vadonatúj fürdőt ahol nem is kellett sokat várni egy áldozatra. Ez az áldozat egy 9 éves gyermek volt aki a surf medencében éppen egy sisakot készült felvenni amikor a gyorsan áramoltatott vizű részen megnyílt alatta egy csapóajtó és ő eltűnt a vizet áramoltató csőhálózatban és az összedarált teste a víznyomást biztosító nagy teljesítményű szivattyúmotorok lapátjainál állt meg.
Édesanyja csupán a kisfiú fürdőnadrágjának darabjait tudta azonosítani. Három embert helyeztek vád alá ebben az esetben akik az üzemeltető személyzet tagjai voltak és őket felmentették később és a hibát a kivitelező cégnél keresték tovább.
Azóta sem történt baleset és a hely milliárdos haszonnal üzemel azóta is.
Nem fogom megválaszolni csak felteszem a megfelelő kérdéseket:

Vajon a korábbi korok emberáldozati stratégiáját alkalmazták üzleti sikerért és nem kecskebakot hanem egy véletlen szerű áldozatot vehettek el a szellemi dimenzió pénzügyi áramlásokért felelős felső vezetői?
Vajon ennyi hasonlóság után valóban a véletlen baleset esetével állunk szemben?
Más eset.
Az „A CERN az Európai Nukleáris Kutatási Szervezet, a részecskefizikai kutatások európai szervezete" (Wikipédiából idézve, hogy pontos legyen.) egyik részén a nagyközönség elé került videófilm révén amit valaki egy ablakból filmezett egy rituális emberáldozatot mutattak be.
Ezúttal egy felnőtt személy volt az áldozat. A videó egy részén az ablak mögül filmező ember nagyon megijed, rángatni kezdi a kameráját ami visszatéved az eseményre és megint filmezni szeretne. De végül mégis menekülőre fogja a dolgot és elkezd egy lépcsőn lefelé rohanni, otthagyva a talán mit sem sejtő sötét ceremónia résztvevőit.
A film végül a közösségi videó megosztó csatornákon landolt. Jól megvágva. Persze mivel elterjedt a film, így a CERN vezetősége magyarázkodásra kényszerült és halvány de rengeteg szempontból megcáfolható és megkérdőjelezhető magyarázattal álltak elő.
Csak egy buli volt az ott dolgozók részéről.
Az nem derült ki, hogy valóban meghalt-e valaki és valóban nem derült ki, hogy miért egy régi sötét emberáldozatot mutattak be a bulizás címszava alatt és miért nem egy italozós, kellemes estét csináltak maguknak ahol lazulhatnak és kifújhatják magukból a minden napi stresszt.
Miért egy Indiai Síva szobor előtt mutatták be ezt a rituálét?
És akkor most ennek a fényében a sötétet elhiszem. Sötét anyag?
Más dimenzió anyagát kutatják ami valahol megfoghatatlanul és érzékelhetetlenül ott van mindenhol a hol csak mi vagyunk de nem látjuk és nem érzékeljük csak alkot valamit körülöttünk és esetleg eleme valamin másnak is, ami egy körülöttünk élő és mozgó világ. Egy másik dimenziónak. Ahol szintén valamilyen lények élnek...?
Vagy mi ez a sötét anyag amit kutatnak? Észlelhető a gravitációja, és érzékelhető a fényre gyakorolt hatása.
Persze nem azért sötét mert tényleg sötét hanem mert nem Látjuk.
Akkor ez a „sötét" elnevezés, honnan is?
Csak nem az okkultizmusból? Bizonyára nem Palpatíne császár körül konvergáló dolog ami az erő sötét oldalaként ismeretes?
De pozitív példákat is tudok írni ebben a témában.
Nem csak történelmi távlatokban.

Magyarországon is volt olyan vállalkozó aki például egy gyülekezeti hely építésében ingyen munkával vett részt ami ugye egy megbecsülendő dolog és a meglevő megrendelései mellett amiket elvállalt teljesített és közben az embereinek teljes fizetést biztosított arra a munkára amiért nem kapott semmilyen ellentételezést. Egy egy olyan különleges eset ami eltér attól amikor olyannak adunk egy kisebb összeget akitől azt nem várjuk el, hogy vissza tudja adni, de nem is várunk vissza semmit, talán csak egy megköszönést. Itt viszont arról volt szó, hogy százmilliós tételekben végzett földmunkát gépekkel, anyag és belső építési munkákat végeztetett el az embereivel, és természetesen az épületek szerkezeti összeállítása is részét képezte ennek.
Egyszerű történet de itt is áldozatról van szó.
Itt nem egy másik ember életét tette fel ő valamilyen üzleti siker eléréséért. Hanem egy őszinte áldozat volt annak az Istennek aki számára örök életet adott, az által, hogy ő elfogadta Jézus Krisztust. Isten saját fiát aki azért halt meg, hogy a bűnösök ha elfogadják őt áldozatként akkor azok meg lesznek tisztítva, szentelve és az emberiség eredeti céljának megfelelő életet biztosítson majd egy másik világban. Ez az ember ezt elfogadta, és az életét hozzá igazította Isten igéjéhez és úgy gondolta ezzel adja hálája jelét annak, hogy nem a sötét erők és a sötét szándékok játszótere többé az élete hanem Istené. Áldozata nem maradt válasz nélkül.
Ma már milliárdos.
Ezt azért írom le név nélkül mert egyrészt nem kaptam a név közlésére engedélyt. Mindenkinek joga sőt kötelessége a családját és a saját életét is valamilyen módon védelmezni rossz indulatú szerencse vadászoktól akik szeretnék sötét üzelmekkel és tervekkel megkeresni őt vagy családtagjait, tudva, hogy óriási anyagi tartalékok vannak a család minden tagjának a hátterében. Én azt tudom mondani, hogy igazuk van.
De keresztény körökben ismeretes egy Salgótarjáni pásztor, egy sokgyerekes családból jövő férfi története is aki Salgótarjánban élt és nagy szegénységben. A szegénység okait nem tudom, de arrafelé ritka volt a jó munkahely. Póstás fizetésből pedig nem telt mindenkinek gyerek szobára. Több olyan tanítása is volt ennek a fiatal embernek amelyben a saját gyülekezetét az életvitelében és a pénzgazdálkodásában Isten igéjéhez igazította.
Tíz évet sem futott az általa létre hozott gyülekezete amikor riport készült vele egy belső használatú keresztény újságban és rávette a riportert, hogy menjenek el egy körútra a gyülekezete tagjaihoz.

Mindegyikük vagy nagyon szép házban lakott vagy éppen építkezett, méghozzá egy olyan korszakban ahol több mint tízszeresére nőttek a költségek a benzin áremelés miatt és a gáz ára miatt.
Abban az időben a benzin ára 100 forint környékén volt ami akkoriban 270-re emelkedett míg mostanság 370-400 forint körüli. Ám az akkor gáz és üzemanyag költségek négy év alatt emelkedtek ekkorát és az azóta használatos árak a további 25 évben emelkedtek.
Miközben az átlagfizetések alig követték az inflációnak nevezett értékmozgásokat.
Rengeteg ilyen példát lehetne még felsorolni ami keresztény üzletemberek számára hozott egy jó kifutást az üzleti életben, amikor a vállalkozó egy szál szocialista autóval kezdte és ami még kétütemű volt és mivel az álma egy fekete Mercedes volt ezt elérve külön garázst bérelt mert ahol akkor lakott ott a környezet egy olyan autót nem tudott volna rongálás nélkül hagyni.
Abban az időben a Havanna lakótelepen az a munkásréteg élt, ami a bérből és fizetésből élő kis családok otthonául szolgált és akik oda költöztek olyan helyekről jöttek ahol még folyó víz sem volt bevezetve a házakba és a szőnyeget általában a kerítésre tették száradni, ha vödörrel kilocsolták belőle a port. A vizet pedig szintén vödrökben hordták a az utcák végében elhelyezett nyomókutakról. A falakat nem volt szokás csak tíz évente meszelni ha éppen nem volt fontosabb dolog. Például venni helyette egy láda sört. Emlékszem, hogy ezeken a vidékeken járva láttam olyant, hogy a felnőtt biciklibe gumi nélküli háromkerekű kisgyerek bicikli kerekeket szereltek és azzal próbáltak közlekedni a gyerekek.
Télen és nyáron is mezítláb jártak a gyerekek de iskolába nem mentek mert mezítláb az gyerek kínzás és inkább nem menjen a gyerek iskolába mert a gyermekvédelmis feljelenti őket és akkor oda a gyerekek után járó segély, meg kinevetik a többi gyerekek és akkor sérül a gyerek és természetesen a társadalom a hibás mert fasiszta előítéletes és nacionalista gondolkodású. Azokon a területeken a munkások és a parasztok nagy és direkt megvadított kutyákat tartottak, hogy az éjszaka a betörni akaró elnyomott kisebbség kétszer is meggondolja, hogy az ő vagyonukból szeretne-e hétvégén pörköltet főzni. Zárták a kerteket és a nagy vaskapukat és a házak ajtajai is vasalt, és kívül belül több lakatos zárral voltak felszerelve az ablakokon pedig rácsok. Az ebből a kultúrából Budapestre költöző rétegek roncs kerékpárjai és ütött kopott kétütemű NSZK járművei közt nem lehetett egy éjszakára megállni egy csilli-villi Mergával.
Megjelenni meg kell az üzletfelek előtt. Végül persze ki tudott törni ebből a

környezetből és előrébb tudott jutni még ennél is, és jó környéken lett véve drágább otthon. Van egy olyan hozadéka is ezeknek az előre lépéseknek.
Nem hirtelen gazdagodik meg az ember hanem szépen ütemesen növekedik. Jól realizálható a növekedés és arányos azoknak a befektetéseknek az értékével amelyek Isten céljaira való hozzájárulásra különít el az ember.
És itt had térjek ki röviden a zsidó kultúra pénzkezelési gyakorlatára.
Sok vád éri a zsidóságot, hogy világ hatalomra törnek és világuralmi terveik vannak. Ez azonban nem igaz. Ugyanis a vallásukat tartó zsidó családok és szórvány közösségek eleve a Szentírás szerinti életmód és gondolkozás keretin belül élnek és nevelik generációk óta a gyermekeiket amelyeket Isten leíratott. Nagyon nagy alapelv náluk, hogy isten parancsolata egyben Isten áldása is.
Tehát az, hogy a jövedelmük egy meghatározott részét Isten céljaira szentelik igen sok országban és igen sok vészterhes korban tartotta őket olyan pozícióba ami által meg tudtak maradni akkor is amikor minden más nemzetiség körülöttük megsemmisült. A második világháborúban direkt a zsidók kiirtását célzó politika is felesleges vérontás maradt. Ami rengeteg pénzt felemésztett, bár minden más vállalkozásnál jobban ment mint ami akkoriban volt mégis nagyobb tragédiája lett Európának és a világnak mint amit valaha is szeretett volna fizetni érte az emberiség. Annak a vállalkozásnak is volt okkult sötét háttere és igazi értelemben vett áldozatai. Van is egy elv a Bibliában ami ehhez kötődik:

1Mózes 27_
29
Népek szolgáljanak néked és nemzetségek hajoljanak meg előtted; légy úr a te atyádfiain, és hajoljanak meg előtted a te anyádnak fiai. Átkozott, aki téged átkoz, és aki téged áld, legyen áldott.
1Mózes 19:
29

Népek szolgáljanak néked és nemzetségek hajoljanak meg előtted; légy úr a te atyádfiain, és hajoljanak meg előtted a te anyádnak fiai. Átkozott, aki téged átkoz, és aki téged áld, legyen áldott.

A zsidók örököltek egy ilyen áldást. Mégpedig azért mert Isten rájuk bízta a népek és Isten közötti közvetítést. Mediátorok lettek a nemzetek és Isten között. Létezésüknek az oka, célja nem csak ez, hiszen közülük származott a messiás akit a nemzetek közvetlenül imádhatnak és lesz még történelmi szerepük a közeli és a távoli jövőben is amin keresztül olyan jó dolgok ragadhatók meg ami boldogságot és bőséget jelenthet mindenkinek és minden nemzetnek. Ez a mediálás még jó sokáig lesz. Most ugyan közvetve működik és ma is áldásokat kap egészségben anyagi javakban jószerencsében az aki például segítőkészen áll a zsidó nemzethez. Minden ember számon van tartva Istennél. Minden mondat, minden cselekedet rögzítve van és azok szerint kap státuszt és Mennyei dimenzióból származó segítséget és áldást. De a rossz cselekedetek és beszédek is el vannak számolva és szankcionálva vannak. Minden ország történelméből kimutatható, hogy mikor volt jó élni abban az országban és mikor nem és közben vagy előtte hogyan bánt a társadalom az oda szóródott zsidósággal. Sokszor pedig csapások megjelenését vívmányként és a szabadság jeleként próbálják mutogatni a világban Európai nemzetek is, ami Isten igéjéhez, útmutatáshoz, törvényéhez képest elhajlás vagy durva semmibe vétel. „Átkozott aki téged átkoz".... És állandóan elítélik, szankcionálják, kirekesztik a zsidóságot még ha önvédelemből cselekszik is. Persze a keresztényekre is van ugyanilyen ige. Ez egy igen fontos kérdés, ha valaki hosszútávon szeretne fenntartani egy pénz termelő vállalkozást és sok területen baja van azokkal a szabályokkal és áldásokat hozó rendszerekkel amik ehhez szükségesek azoknak sokszor nagyon nagy áldozatokkal kell szembe nézni, ahhoz, hogy működőképes legyen a vállalkozása. Meg lehet csinálni. Ám a legtöbbször az ember a piac a termelés a küzdelmek rabszolgájává válik a saját pénzén. Még is mondok egy példát erre és egy ellen példát azután elmondom a két végeredmény hátterét.

Az első világháborúban igen nagy terjedése volt a zsidóság okolásának annak kitörése és eredménye miatt is. Nem csak Hitler lovagolta meg ennek a hullámnak a lejtőit a fasizmus nevű deszkájával hanem sokan mások is mellette. Ám neki sikerült az élre törnie. Állandó szervezkedése és állandó zsizsikelése a dolgon és a túlpörgetett ok-okozat elméletek meg az össze esküvés elméletek végül mind az ő nevéhez kapcsolódtak. Milliónyian támogatták és az ellenségeit sikerült ki iktatnia. Tört előre mint a Titanic. Sőt Németország kancellárja lett. Aztán lerohanta Lengyel országot, lerohanta francia országot, lerohant mindent amit csak tudott és mire birodalom méretű országot vezetett, a zsidók kiirtását már nagyipari módszerekkel űzték.

A zsidó vagyonok pedig a háborús gépezetek építményeivé olvadtak. Végül a sikere kapzsisággá vált, vagy a kapzsisága kezdeti sikere elhagyta és a nagy falatokat kezdte kóstolgatni. Mindene megvolt, hogy meg is nyerje ezt a nagy falatot is.

Bár Anglia kifogott rajta de a Szovjet előre nyomulás kárpótolta. De aztán a sokkal gyengébb hadsereg végül megtörte őket. Elkezdték vissza szorítani a szuper hadsereget. Aztán nyugatról is mentek ezek egészen Berlinig ahol is a stressz akkora volt, hogy már őrültként kezdett viselkedni.

Akik személyesen látták vagy ismerték vagy futólag találkoztak vele vagy zseninek gondolták vagy, hogy nem volt százas. Egy első világháborús veterán unokája mesélte el ezt nekem. Sérülése okán körbe szaladgált a kórházban és a betegeket agitálta a világnézetével és szervezkedett.

Adhat nagy sikert valami ami szembe megy a teremtett világ teremtője által letett alapokkal csak utána az alapok nélkül hirtelen akkora lesz az építmény, hogy a saját sikere és súlya okozza a tragédiát. Nagy Sándor ehhez képest jóval nagyobb birodalmat tudott kiépíteni és nem volt modernebb a hadserege mint azoknak az országoknak amelyeket legyőzött. Pedig volt ő olyan őrült mint utóda Hitler kancellár. Hitler elpusztította az ellenségeit, Nagy Sándor gyakorlatozás közben megfojtotta a barátját is.

Hitler irtotta a zsidókat.

Nagy Sándor legyőzte őket de az önként magukat megadó zsidókat nem bántotta és nem dúlta szét az országot. Sőt. Rendszeresen áldozatokat mutattak be érte a papok Isten előtt amit ő maga finanszírozott. Ment is hamar tovább és a neki adót fizető zsidóság a védelmezettjévé vált. Itt persze megjegyezném, hogy volt egy óriási botlása is Nagy Sándornak. Elment egy híres Egyiptomi jósdába és ott azt mondták neki a betépett jós hölgyek, hogy ő egy isten. Onnantól megkövetelte, hogy leborulással imádják őt még a legközvetlenebb munkatársai is akik ismerték a legbensőbb titkait is. Hamar össze is szövetkeztek őellene. Vagy talán ez után egy betegség végzett vele? Ezen még vitatkoznak. Még a Biblia sem jövendölte meg előre ezt az esetet, hanem a leírás lebegtette, hogy össze esküvés áldozata lett-e vagy az égiek döntöttek-e úgy az önmagát istenként imádtató hadvezérről, hogy most már elég a sok ostobaságából és legyen inkább vége. Dániel könyve így vetítette előre a Görög király Izraeli megjelenését amit a világbirodalmakról írt.

Dániel könyve 8ik fejezet:

15

És lőn, hogy mikor én, Dániel, látám e látomást és keresém az értelmét: ímé előmbe álla egy férfiúhoz hasonló alak.

16
És emberi szót hallék az Ulai közén; kiálta pedig és monda: Gábriel, értesd meg azzal
a látást!
17
És oda jöve, ahol én állék, és amint jöve, megrettenék és orcámra esém, és monda
nékem: Értsd meg, embernek fia! mert az utolsó időre szól ez a látomás.
18
És mikor szóla velem, ájultan esém orcámmal a földre; de megillete engem és
helyemre állíta;
19
És monda: Ímé, én megmondom néked, mi lesz a haragnak végén? Mert a végső időre
szól.
20
Az a kétszarvú kos, melyet láttál, Médiának és Persiának királya.
21
A szőrös kecskebak Görögország királya, a nagy szarv pedig, amely szemei között
vala, az az első király.

22
Hogy pedig az letöretteték, és négy álla helyébe: négy ország támad abból a
nemzetből, de nem annak erejével.

Nagy Sándor gyorsan felépített birodalma valóban négy részre szakadt. És az események úgy mentek tovább ahogy azt Dániel előre leírta. Amíg tudta tartani Alexandrosz magát egy olyan sikert biztosító Isteni szándékhoz ami őt egy bizonyos támogatási, (áldáshoz) mechanizmushoz kötötte, amin keresztül Istentől való támogatásban részesült addig ment előre mint a jégtörő hajó. Viszont nem tudott ellenállni egy olyan hízelgő jóslatnak ami az önhittségét nyalogatta. Már Évát azzal a szöveggel vette rá a tiltott gyümölcsének ellopására a kígyó, hogy ha eszik a tilosból akkor olyan lesz majd mint Isten. A mostani szuperhős kultusz, amiből a film piac jelentős részét magának szakíthatta le a Marvel és a DC pont erről az emberfelettivé lett emberekről szóló filmekkel tudta elérni, hiszen mindenki arra a pluszra vágyik ami egyébként az emberre rá telepedő Isteni áldás pótol ki. Isten megáldotta Nagy Sándort erre az ördög egy jósnőn keresztül azt hazudja neki, hogy mindez azért van mert Isten vagy. Évánál bevált, Nagy Sándornál bevált, Hitler pedig....... Igen Hitlerhez is imádkoztattak iskolákban gyerekeket. Hitlernek is volt Istenné válási programja. De Hitler egyik vesszőparipája pont az volt, hogy minden vonalon szembe helyezkedett a szentírás útmutatásával és a sikere ennek megfelelően óriási pusztulásba fordult át ami nem csak neki volt nyomorúsága hanem egész Európának.

Nem csak az ellenségeinek hanem a szövetségeseinek is. Miközben azért szerette volna fenntartani a kereszténység látszatát babilóniai kultúrát követett.

Meggyőződésem, hogy bármilyen földi társadalmi berendezkedés vagy munkapolitikai berendezkedés akkor tud sikeres lenni ha sok ponton illetve ezer szálon egyezik Isten törvényeivel és akaratával.

És akkor az ellenpéldát is szeretném felhozni.

Mai napig sikeres a Ford mint autó márka, jóllehet a híres autó gyár alapítója híresen zsidó ellenes volt.

Mint Akkori ipari mágnás egy barátja megvásárolt egy lapot amelynek kiadványai erősen antiszemita szerkezetűek és ízűek voltak. Még könyvet is adott ki „A világ legfőbb problémája" címen amit később a náci német vezetés arany sas kitüntetéssel honorált. Valamint nevéhez köthető a „Cion bölcseinek jegyzőkönyve" című kiadvány is, de igen nagy közfelháborodás miatt ezzel a tevékenységgel felhagytak. Valóban rengeteget vesztett ott Amerikában és Európában is ezzel a Ford cég sőt meggyőződésem, hogy mára sokkal nagyobb cégóriás lehetne mint most. Viszont más oldalról pedig igen komoly figyelmet fordított arra, hogy a dolgozói a kor munkarendszeréhez képest magas fizetést vigyenek haza és emberi körülmények között éljen. Az akkori kor legendás evangéliumi szószólói erőteljesen járták a vidéket és a nagyvárosokat és nagyon nagy tömegeket befolyásoltak arra, hogy Isten igéje szerint éljenek.

Amerika népe jól vette az üzenetet és jól is reagált rá aminek az alapjai a mai sikerüket és képezi, de mivel Amerika mára, szinte teljesen hitehagyottá vált, ezért úgy omladozik mindene mint Európának. Henrry Ford is vette az üzenetet és isten igéje szerint bánt a saját embereivel.

Jakab Apostolnak közönséges levele 5. fejezet

1

Nosza immár ti gazdagok, sírjatok, jajgatván a ti nyomorúságaitok miatt, amelyek elkövetkeznek reátok.

2

Gazdagságotok megrothadt, és a ruháitokat moly ette meg;

3

Aranyotokat és ezüstötöket rozsda fogta meg, és azok rozsdája bizonyság ellenetek, és megemészti a ti testeteket, mint a tűz. Kincset gyűjtöttetek az utolsó napokban!

4

Ímé a ti mezőiteket learató munkások bére, amit ti elfogtatok, kiált. És az aratók kiáltásai eljutottak a Seregek Urának füleihez.

5

Dőzsöltetek e földön és dobzódtatok; szíveteket legeltettétek, mint áldozás napján.

Hozzá tenném, hogy a Magyar gazdasági élet is részben azért volt olyan rossz a 90-es és a 2000-es és a 2010-es évek elején mert nagyon visszafogták azoknak a munkásoknak a bérét akiknek a munkája fenntartotta Magyarországot és a gazdaságot fenntartani tudó életképes és dolgozni akaró rétegből mára 2021-ben már egy millió külföldön dolgozik és többé nem is akar visszatérni. 10 milliós országból egy millió az több mint amennyi nem okozna gondot. De a Henrry Ford által terjesztett eszme ellenállásba is ütközött a saját népén belül és az Isten felé forduló keresztény tömegek egyik óriási erejű igéje amit rendszeresen tanítottak nekik a megbocsátás volt és az egymásért való személyes ima.

Így Henry Ford, mivel lehetőséget biztosított isten igéjének a szabad működésében és ő maga is vallásos volt, ráadásul a dolgozói felé a fent említett ige szerinti engedelmességgel járt el, olyan események következtek be a munkásai részéről amik őt Isten előtt jó színben, könyörgésekkel, áldásokkal hordozták.

Pál Apostolnak Timóteushoz írt első levele 2. fejezet

1

Intelek azért mindenek előtt, hogy tartassanak könyörgések, imádságok, esedezések, hálaadások minden emberekért,

2

Királyokért és minden méltóságban levőkért, hogy csendes és nyugodalmas életet éljünk, teljes istenfélelemmel és tisztességgel.

Ez a hordozás maga a mediálásnak az a része amit Isten igéje a nép számára parancsol. Meggyőződésem, hogy ha minden nép ezeket az igéket betartaná és a méltóságait, fő embereit, minisztereit, munkáltatóit politikusait Isten kezébe helyezné és áldásokat mondanának rájuk kritika helyett, akkor sokkal boldogabban élhetne mindenki ott ahol élnie kell. Vállalkozás mint ahogy látszik is a leírásból javára volt az országának. Isten népjóléti igéinek, az evangélium terjedésének és megvalósulásának, és bár Hitlerhez hasonló gyűlölettel volt a zsidók iránt, mégis egy visszaható mediátori tevékenység nem engedte ugyanabba az őrületbe mint amiben Németország gyakorlatilag teljesen megsemmisült.

Amikor a természetfeletti dimenziót keressük.

Nem telik el úgy nap hogy különféle média felületeken ne kínálna valaki egy rövid jövendő mondást, személyesen önnek kedves olvasóm.
Amikor a csillagjegyek alapján kiszámítható és várható sorsunkat kínáló ismeretlenek azt ígérik, hogy a jövőnket megmondják, nagyon is fontos szkeptikusnak lenni és próbák alá vetni azokat akik kínálják a szolgáltatásaikat.
Számomra becsületesek azok akik egyenesen meg tudják mondani, hogy nem ismernek engem, nem tudják ki vagyok mert ezek fontos jelei annak, hogy milyen erők állnak mögöttük. Mindig szeretek próbák alá vetni embereket. Akik csillagjegyekből jósolnak azok csak egy rendszert ismernek ami számukra egy követendő összeszerelési útmutató és képesek ebből akár egy lapra szerelhető bútort összerakni, vagy egy kávéfőzőt, esetleg egy palotát. De továbbra sem rendelkeznek senkiről sem közvetlen ismeretekkel. Teljesen általános emberi tulajdonságokkal operálnak amik minden emberben kisebb nagyobb mértékben előfordulnak, amik azután persze jól összerakva olyan érzést kölcsönöznek amiben az ember magára ismer és ezért azonosulni is tud az előadott farbával. Megnyílik az ember és befogadja ezeket a dolgokat és ezek soha nem tartalmaznak olyan konkrétumokat, hogy például „Négy óra felé beállít hozzád Lajos és ajándékot hoz ami megváltoztatja a vörösborhoz fűződő viszonyodat egész hátralevő életedre. Semmiképen ne nyiss ajtót Lajosnak és a savanyú bornak amitől estére kórházba fogtok kerülni. És a bélflórád hirtelen eltűnése, valamint a kimart szövetek használhatatlanná válása miatt el kell távolítani két métert a beleidből." Persze ez egy fikció. És egy korábbi fejezetben már írtam erről csak most szeretném még jobban kivesézni a dolgot. Sőt egy új megvilágítást is szeretnék a kedves olvasóm elé tárni. Nem feltétlenül tudják azok a szellemi dimenzióból való lények akikkel egy jós kapcsolatba lép azt, hogy milyen lényeknek, melyik oldalról mi a tervük a szóban forgó illetővel.
Akár panelekből összerakható szavakról van szó, akár egy kártyavetésről ami ugyanaz, de lehet szó egy tenyérjósról, vagy üveg gömb kategóriás boszorkány szektába tartozó hölgyekről akik magasabb szinten űzik az okkultizmust, mert ezek olyan rendszerben dolgozó szellemi lényekkel állnak kapcsolatban akik valóban képesek halványan befolyásolni az embert. Ám ahogy mondtam csak az ember jövőjére vonatkozó előrejelzéseik lehetnek jelentéktelenek amely esetben egy bizalom megszerzésről van szó és később ezen a bizalmon keresztül saját céljaikra kezdik használni és bevonják

egy olyan munkába amit nem feltétlenül szeretne csinálni, és különösen nem ha át is látná azt a rendszert mibe bekerül.
A két pólusú szellemi dimenziónak is van globális célja amibe szeretne embereket bevonni. Apró szerepek is fontosak ebben a dologban. Emlékezetes annak az azóta mára börtönben öngyilkosságot elkövetett hölgynek az esete aki szerelmi oldást-kötést és jövendőmondást ígérő hölgytől jött el aki szépet és jót jövendölt a számára, ám megváltozott a hölgy szemlélete és a szerelme egy szem fiát látta akadályozó tényezőként a boldogsága beteljesedése útjában. Felbérelt két hajléktalant akik agyon verték a szerencsétlen 11 éves gyereket, miközben a felbujtó hölgy világított a bérenceknek. A gyerekbe többször is beledöfték az ásót de még élt amikor már húzták rá a földet. Véletlen lenne, hogy egy ilyen, látszólag ártatlan „jövő kutatás" ennyire megváltoztat valakit? Hiszen ezer és ezer hasonló esetben nem történt ilyen brutális változás. Ebben az esetben miért?
A tettesek sem tudják. Persze, hogy a gyerek útjában volt az összeköltözésnek. Ördögnek mondta a felbujtó hölgy a gyereket. Egyszerűen csak magára húzott valamit ami összehozott egy gyilkosságot és ahhoz vezető események sorozatát. A bírósági tárgyaláson felolvasták a nő vallomását amiből kiderül, hogy eléggé elfajzott gondolkodása volt a vallásról és olyan vallási keverék volt a hite ami a sötét okkultizmushoz áll a legközelebb, nem mintha létezne fehér mágia. Gyakran vitte a gyerekeit ehhez a nőhöz aki „kezelte" a gyerekeket. Így már jobban érthető, hogy miért mondott olyan jelzőt a fogadott gyerekére, hogy maga az ördög. A jósnő rendszeresen az ima erejével űzte az ördögöt a gyerekekből a megjavulás érdekében.
Nagyon rossz mediátort választott aki még meg is tévesztette őt.
Miért is írom le ezt.
Azért mert nagyon világossá szeretném tenni a kedves olvasóm előtt azt a tényt, hogy csak az egyik világ az elfogadható és egyenes, jóra vezető valóság. A másik nem az és bárt meg tudja téveszteni az embert, azért az eszközei leleplezik és a bőség, nyugalom, békesség, boldogság ígéreteivel ugyan él, de nem akarja megadni és nem is tudja. Felveszik a jó jelképeit. Utánozzák a jó oldalt, de nem tudják azokat a termékeket produkálni amiket utánoznak. Ebben az esetben is egy utánzásról van szó, amikor Istentől vár okkult praktikákkal kinyerhető áldást és békességet valaki.
A végén pedig a egy börtön wc kagylóból kell ennie a reggeliét ha éhes. Megtörtént és dokumentált eset.
Honnan is ismerős?

A kígyó a kertben aki Évának azt ígérte, hogy olyan lesz mint az Isten. Az ügy végén ő is a férje is ki lettek kergetve az édenkertből.
Persze ha megkérdeznek egy keresztényt, hogy Isten miért csinál ilyent... Mit mondhatna? Bedobok egy szendvics automatába pénzt, ha szomjas vagyok, megnyomom a gombot és azt várom, hogy almalé jöjjön belőle?
Azt az automatát kell megkeresni amelyik azt a dolgot tartalmazza amire szükségem ven és megfelelő gombot is kell megnyomni.
Persze Isten nem kívánság teljesítő automata.
Amikor a természet feletti erőket keressük mindig igényesnek kell lennünk, és még hozzá úgy, hogy nekünk is utána kell járnunk annak, hogy mit lehet és mit nem, mert ígérni bárki tud. Mint a politikusok a választások alatt. Még a csapból a legkiválóbb bor fog folyni csak szavazzak rá. A politikusokhoz hasonlóan Isten oldalának és a lázadó angyalok oldalának is úgy növekszik vagy kisebbedik a hatalma, ahogy az emberek hatalmat adnak nekik. Isten hatalma viszont nem lesz kisebb vagy nagyobb. Nála a vagy beavatkozik vagy nem kérdés áll fenn.
Minden az övé és mindenben hatalma van dönteni, beavatkozni, távol maradni, ahogy ő jónak látja de minden ember az élete végén számot ad minden tettéért és minden beszédéért. Szóval egy helyre fut ki minden ahol el lesz döntve, hogy az öröklét örök szenvedést jelent a tűzben vagy örök otthont a szeretteinkkel a mennyben. Ott már nincs igazságtalanság, és nincs betegség, és adók sincsenek. Nincs éhezés, nincs szegénység, tehát a pénzügyi szféra is másként alakul.
Pedig ott is lehet vállalkozni.
Ott is lehet ételbárt nyitni vagy italbárt.
Részegek ugyan nem lesznek az emberek és a bor nem alázza az embert négykézlábra de mégis jólesik. Pláne jó társasággal. Nem a test szükségeiért folyik a harc az élelmiszer iparban hanem, egyszerűen úgy van összerakva az ember, hogy amit megeszik vagy megiszik az ízlik neki és megnyitja a lelkét és oldja a feszültségeit és egy jó családi összejövetelt nem lehet másként megcsinálni csak így, ha közben jót eszünk és iszunk. Ott megy a politika, családi ügyek megbeszélése, dicsekedés azzal amit elértünk, egyetértésre hangolódnak az emberek, és egy ilyen jó íz és illat és társasági élmény összhangot tud létre hozni. Már itt a földön is. Márpedig ahogy írva van minden ami a földön van csak árnyéka annak ami a mennyben van. Mi a különbség a világ legjobb épülete és az árnyéka között?
Mi a különbség a világ legjobb luxus autója és annak árnyéka között?
Mi a különbség az ember és az ő árnyéka között?

Az a különbség azok között amiket élvezünk itt a földön és élvezni fogunk a mennyben. Aki elmegy jóshoz kiszolgáltatja magát olyan erőknek amik igen durva, lelketlen „játékokat" fognak űzni vele. És nem lesz kedve nevetni annak aki annak enged.
Egy híres keresztény tanító mondott el egy esetet ami vele történt még a pályája közepén. Egy tanítás után kézrátétellel áldásokat osztott és betegekért imádkozott. Olyan hölgyhöz ért oda aki nemrég tért meg méghozzá okkult háttérből, ami azt jelenti, hogy nem is olyan rég, még mielőtt lemondott volna a régi életéről és át adta volna magát Jézus Krisztusnak, tenyérből jósolt, kártyát vetett, és szerelmi oldásokat, kötéseket és hasonló praktikákat végzett.
Ezt a képességét, nagyon helyesen nem a magáénak tulajdonította, hanem annak, hogy ő szellemi lényekkel állt kapcsolatban.
Amikor erre a hölgyre szerette volna a keresztény testvér rátenni a kezét, fáradtságot érzett és nem siette el a dolgot. Kicsit megpihent. Ekkor a hölgy előre hajolt és azt mondta neki: -Pásztor. Látlak egy autó balesetben fának rohanni és meghalni.
Mivel éppen akkor szellemileg jó állapotban volt nem engedte a lelkére ezeket a beszédeket és azonnal visszautasította:
-Nem leszek ott semmilyen balesetben és nem halok meg!
Ez a kijelentés persze nem egy tagadás vagy pszichikai elutasítás, hanem egy szellemi dimenzióból őrá szabott jövőbeli terv felismerése és elutasítása volt.
Nem volt hajlandó semmilyen formában sem elfogadni azt amit számára abból a dimenzióból terveztek.
Végül egy nagyon sikeres életpálya végig futása után, jó vénségben sok boldog évvel a háta mögött hagyta itt ezt a világot, végig kitartva Isten mellett akinek az életét oda szánta. Nem fának csapódva egy autóban lelve fiatalon a halálát. Bárki bármilyen sötét jövőt is vázol fel a számunkra nem feltétlenül kell azonnal elfogadni. Már csak azért sem mert kell időt hagyni magunknak azt végig gondolni és megvizsgálni sok szempontból. Érdemes is. Ám aki tisztában van azzal, hogy a tettei ok és okozat összefüggésben eljuthatnak egy rossz jövőig ezért másként cselekszik mint azt elsőre jónak gondolta az egy következetes ember. Érdemes mindig jól átgondoltan dönteni. Azonban itt nem volt az, hogy ha hozok egy döntést akkor ilyen vagy olyan reakciókkal kell számolnom. Itt csak egy megszokás volt beidegződve és a logikát csupán ott kell keresni, hogy az isten szolgálatába álló ember sok más rossz úton járó, jó szándékú embert vezetett a helyes útra és ezzel károkat okozott a bukott szellemi dimenziónak. Persze, hogy el akarták tenni az útból.

Az eddigi fejezetekben megvizsgáltuk, hogy mennyi formája és haszna vagy hátránya van illetéktelenül vagy szaktudással belenyúlni a szellemi világ különböző csatornáinak rejtett benső világába, de egy nagyon fontos részt még nem mondtam el. És ez itt most mindenki számára személyessé teszi a mediációt és világossá teszi, hogy használni nem passzió hanem szükséglet.
A mediáció eddigi formái amiket kitárgyaltunk a szellemi világban a szellemi dimenzióban való mozgás egy részét tárta fel, és néhány olyan praktika amellyel az emberek szeretnék befolyásolni Isten országát a bukott angyalok birodalmát, hogy némi hasznos segítséget kapjanak abból, csupán egy kis része a dolgoknak.
Amennyiben valaki, vagy éppen ön, nagyobb piaci részesedéssel rendelkezik vagy politikusként hatalma van illetve olyan szervezetnek, pártnak, cégnek van az útjában ami számára a jelenléte veszélyes vagy minimum zavaró, úgy számolnia kell azzal, hogy ön ellen ezeket a lehetőségeket használják, felhasználják, vagy éppen tervezik, hogy bevetik.
Nem egy olyan minden logikát nélkülöző bukást láttam már mindezeken a felsorolt területeken amik mintha spontán jönnének létre és pech szériával indulnak, végül a gazdag ember a munkanélküli segélyért áll sorba. Sőt, Jól felépített céget belső ember leutánozott, elszipkázta a szakembereket a vállalkozótól és végül a vevő kört is elcsaklizta a megszerzett üzlet kötők át csábításával. Négy gyermekes családapa vetette magát a száguldó vonat alá. Persze ha nem azonnali a válasz, de az ég törvényei itt a földön is érvényesek:

MÓZES második könyve 21 fejezet
23

De ha veszedelem történik: akkor életért életet adj.
24
Szemet szemért, fogat fogért, kezet kézért, lábat lábért;
25
Égetést égetésért, sebet sebért, kéket kékért.

Isten szemében az ítélet arányossága fontos. Az arányosság arról szól, hogy amennyi kárt okoztak másnak a vétkezők azt arányosan térítsék is meg és még a bánatpénz intézményéről is gondoskodott, hogy ne legyen maradandó kár azon felül amit anyagilag okoztak. Ezt most nem idézem ide de a Magyar jogrendszer is használja ezt az intézményt. Persze ez a rész még nem teszi értelmessé a fenti történetet, hiszen itt nem történt feljelentés, bár a jogi ösvény buktatóin is elhasalt a cégét féltő vállalkozó aki végül olyan adósságokkal kellett, hogy szembe nézzen amit már képtelen volt kiegyenlíteni. Isten azonban ha nem működik a jog, akkor sokszor maga tesz igazságot. Ennek is meg vannak a maga keretei, nem minden esetben teszi ezt meg, de mivel az öngyilkosságba kergetett ember özvegyet és árvákat hagyott maga után. Ilyenkor, mivel a kárt szenvedett ember nem élt törvényen kívüli lehetőségekkel, ezért ő maga vette kézbe az ügyet. Aki megcsinálta a vállalkozás másolatát és elvitte az embereket, ügyfélköröket és a bevételt ugyanazt kellett hogy átélje. Tőle ugyanúgy vitték el a céget, mint ahogy ő tette azt a korábbi főnökével. Sőt ő is olyan adósságokkal kellett a végén, hogy szembe nézzen amit ő okozott másnak. Ám itt megáll a visszafizetés. Szemet szemért, fogat fogért, életet életért. Megbánta amit tett és amikor szembesült azzal, hogy az az özvegy a gyerekeivel hogyan küzd a szegénységgel és a gyerekek hogy nélkülöznek őmiatta, megértette, hogy ő mit okozott. Pedig nem volt neki sem rossz fizetése csak kapzsi volt és nem érdekelte, hogy kit is tesz tönkre. Minden rossz gyökere a pénz szerelme. És ez a szerelem nem egyedül őt vitte olyan útra ahol közvetve vált felelőssé mások haláláért és nyomorúságáért. Öngyilkos nem lett. Elhelyezkedett egy másik munkahelyen és az adósságait dolgozza le, és némi pénzt juttat korábbi főnöke özvegyének. Reális ez a veszély minden vállalkozásnál, cégnél és még a politika sem mentes ettől.

Ez az eset egy belső ügy volt, egy cégen belül, ám Istent egyáltalán nem kereső két ember között játszódott le, mégis egy Isten által a világra hagyott törvény érvényesült közben.

Biztos vagyok benne, ha illő és szakszerű módon megtett volna mindent Isten felé is a cég alapító, kapott volna a cégéhez olyan szellemi lényeket akik az ilyen dolgot belülről diszkréten akadályozták volna vagy lebuktatják ideje korán. És nem történik belőle tragédia.

Emberek vagyunk, nekünk nem kell kétszer elmondani, hogy aki most még a barátom az a következő pillanatban akár kést is döfhet a hátamba. Aki mellettem van és az ebédjét fizetem, holnap az én védelmemet veheti el és a titkaimból ellenem építhet várat és én leszek a saját birodalmamból elvetett, száműzött aki még szégyellheti is magát, annyi belső információt fogalmazhat át úgy mintha nagy bűnök lennének. Sajnos a világ jelenlegi erkölcsi állapota nem a hűségnek kedvez és nem az adott szó megtartásának, hanem az egyének önmegvalósításának erősítését szolgálja. Még a reklámokból is ömlik, a sok ilyen szlogen, hogy: „Mert megérdemled”, „Képes vagy rá”,

„Meg tudod tenni", „Csodálatos vagy", „Benned is ott lakik egy hős", ...stb. Mindenki a jelenlegi filmkultúra és művészeti ágazatok szerint szuperhős vagy szuperhős szerű akar lenni. Mindenki nagyot akar tenni és mindenki becsületre és tisztességre, csodálatra vágyik. És legtöbbször ezt nem kiérdemelni szeretné hanem mindenkin átgázolva akar a sikerei pajzsán állva felemeltetni azon gazdagok és szépek világába akik kedvtelésből teniszeznek délutánonként és ötven milliós a hétvégi autójuk. Nem rossz álmok ezek de az eszközök sokszor olyan piszkosak, hogy jobb érzésű emberek inkább elkezdik kerülni ezt a mentalitást. De ahogy mondom a jó eredmények nyomva vannak filmeken, reklámokban, könyvekben és a középosztálybeliek már inkább nem vállalnak gyerekeket, hogy jobb autójuk lehessen hiszen a senkik veszik a kis kategóriás autókat és azok öltözködnek kínai ruházati boltból és azoknak „ruppótlan nóném" a cipőjük.

Kedves olvasóm, barátom, nem viccelek, a Magyar vállalkozói réteg óriási kegyetlenségeket csinál meg a saját konkurenciájával. Nem általánosítok de sok példát láttam erre az elmúlt évtizedekben. Nem úriemberekhez méltó és nem egy vallja teljes hittel, hogy csak akkor lehet előrébb jutni, ha megdolgozik érte keményen az ember és előre könyököl és eltapossa időnként azt aki az útjában áll. Mindenki útjában van valakinek. Mindig lesz egy másik cég akinek a piaci részesedése hiányzik egy másik vállalat éves bevételeinek pénzügyi kimutatásából.
Van olyan pont amikor egy cég eléri a teljesítő képességét és elméletileg nem lehet a piacból sem többet kipumpálni. De akkor is kell a negyedéves kimutatásban a többlet és a feltörekvő, bevétel többszöröző, vagy csak pár fillérrel nagyobb szám. Kellenek az ötletek.
Vegyünk jobb gépeket, Hosszabbítsuk meg egy órával a munka időt. Vonjuk le a munka időből az ebéd szünetet. Legyen hétvégi műszak. Legyenek a termékeink olcsóbbak és jobbak mint a konkurenciáé. Legyen a termelés három műszakos, hogy éjjel és nappal és hétvégén is folyamatosan onthassuk a termékeket. Csináljunk expókat ahol bemutatjuk a termékeket, csináljunk reklámot a termékeinknek. Írassunk alá szerződő feleinkkel kizárólagos szerződést, hogy csak tőlünk vásároljanak és vállaljuk fel a karbantartást öt évre, vagy tíz évre és utána az elhasználódott terméket kedvező áron cseréljük újra...stb.
Előbb vagy utóbb a vezetés el jut oda, hogy még ennél a felsorolásnál is messzebb fognak elmenni és a konkurenciától személyes megkereséssel is elviszik a vásárlókat, vagy segítséget kérnek attól a sötét szellemi dimenziótól ami beavatkozásával akár

tönkre teheti a cég vezetését, termelői részlegét, üzletkörét elszipkázza. Hiszen ha beszélni kell valakivel, hogy nekik jobb termékeik vannak akkor ugye egy tapasztalt és tárgyalásban sokkal ravaszabb öreg rókát küldenek, akit megtámogat néhány olyan szellemi lény láthatatlanul, ami képes az ügyfelet rávenni, hogy igent mondjon akár egy sokkal rosszabb ajánlatra is. Nem feltétlenül jó üzletkötőt küldenek de fontos a szabályos szerződés, ezért az üzletkötővel lenge öltözetű gyakornokocskát is küldenek. Nemrég láttam olyan üzleti fogást is, ahol a fiatal hölgyek elméletileg fedett melleire írták rá a termék nevét. És ez a csinos ruhájuk által nem volt takarva. Ez egy férfival szemben a materialista kultúrában orv támadás. Elvégre nem azért megy egy üzleti tárgyalásra vagy termék bemutatóra valaki, hogy melleket nézzen vagy női combokról felvillanó márkajelzéseket, hanem a terméket. Animista-materialista kultúrában egy egy tárgyalásnál is használnak ilyen vizuális trükköket és ha egy erkölcstelenebb „titkárnő" harisnyájáról és intim testi tájairól is a cég logója köszön vissza a harisnyájába hímezve, hát..., ott nem a férfiasságnak szól a vetkőzés a titkos helyen. Egyenesen az ember arcába tolják a szexuális ingert keltő női testrészek ímmel-ámmal fedett és a teljes meztelenséget sejtető ruhák szegélye mentén előbukkanó mellek vagy combok vagy fenekek felületére hennázott céges lógókat. Mintha a kielégülés vagy a szexualitás és a siker ezen a területen is együtt járna. A legjobban kicentizett és ki milliméterezett marketing fogások közt ez ugyan durvának látszik de garantáltan bele ég minden férfi agyba. És nem érdekli az eladót, hogy a velük tárgyaló szakemberek házasok-e vagy egyedülállóak, családosok-e vagy menyasszonyuk van. Egyféleképpen jöhet ki onnan az ember, ha üzletet köt. Egyébként a hölgyek nem csak reklám Felületek, hanem megkaphatók az aláírásért is és információkat is hivatottak gyűjteni a kérdéses ügyfelektől. Aláírás után már nem. Nem mindenhol de a férfiakat elég elítélhető módon a szexualitásuk természete miatt ilyen sötét trükkökkel próbálják behúzni. Házas embernek nem való ez a fajta munka, illetve szakma.
De tovább megyek egy másik vonalon is.
Egy megfizetett (és nagyon jó meg kell fizetni.) „szakember" a megfelelő szellemi jártassággal rendelkező emberrel a helyszínt olyan szellemi lények számára előkészítik, megtisztítják és szabaddá teszik, akik célzottan egy egy „nagykutyára" tapadva próbálnak minden területen hatást gyakorolni a leendő ügyfélre, hogy esetleg megrendelővé váljon vagy nagyobb megrendeléseket adjon mint eddig. Ezek a lények is képesek létre hozni „véletlen" szerencsés vagy szerencsétlen eseményeket amik az ügyfeleket közelebb hozzák a céghez vagy a termékekhez. Ellenkező esetben talán

olyan kellemetlen események szereplőivé válnak amiken keresztül az életét azok kezébe adja akik tőle pénzt vagy megrendeléseket várnak.
A földi események ilyen formán kapcsolódnak össze szellemi lényekkel. Az ügyfelek megszerzésének azért van olyan módszere is ahol a közben járást a mediálást nem kell animista hátterű „szakértőre" bízni. Ilyen pozitív példák is akadnak.
Isten országának ugyanis Isten tervei és akarata a fontos és minden ügyüket arra vonatkozóan végzik, és ha itt a fizikai világban pozitív kapcsolódás és kapcsolatok jönnek létre akkor az ember kap abból a védelemből és abból a jövedelemből ami ehhez kapcsolódik.
Ám bárki bármilyen üzleti tevékenységet vagy politikai ügyeket végez, mindig kell számolnia azzal, hogy az ellenfelei élnek olyan okkult eszközökkel amik őt kellemetlen szituációkba sodorják.
Mindig céltáblák lesznek ők maguk, a dolgozóik, a tevékenységük az üzletfeleik és a vásárlóik. Minden területet megpróbál lefedni és irányítása alá vonni a bukott világ. Nem feltétlenül észlelhető a tevékenység csak a hatások érzékelhetőek. Egy olyan profi mediátor akik ezeket a területeket képesek átlátni, mindig pontos és célzott tevékenységet tudnak kifejteni az ilyenekkel szembeni védelemre. Személyes védelemnél az elme tisztán tartása, az egészség megőrzése, az emberi kapcsolatok szeretet teljes állapotának ápolása mind célpont amire kívülről le le csapnak idegen érdekek és támadásoknak teszik ki, kipróbálják egyenként, hogy mitől borul ki az illető, mitől undorodik, és mit nem tud már elviselni. Ezekkel a megfigyelésekkel, feltérképezik az egyén személyiségét és ezt nem csak a szellemi dimenzió végzi, hanem a talált gyengeségekre és mentális erősségek felfedezésére rá vezetik azokat is akik azon ügyködnek, hogy elbukjon az általuk félre állítani kívánt személy. Ezt megteszik a családdal is és a barátokkal is és a környezettel. De a vevő kört a beszállítókat és minden olyan apparátust megvizsgálnak ahonnan eseményt generálva véghez vihetik a buktatást. „Szakembert" ilyen szellemi apparátus mozgatására beszerezni Kettőszáz ezer forinttól hat- hétszáz ezer forintig terjedően lehet egy egy feladatra. De vannak akik több milliót kérnek. És akkor ez természetesen ha sikerül ha nem, pénz volt, és ha sikerül ha nem, az elvégzett sikertelen vagy sikeres munka után is tovább tevékenykedik a területen az a szellemi szféra a maga érdekei szerint, ahova ilyen módon behívták. Ez jelentheti később, akár öt vagy tíz év de esetleg tízen öt év múlva a megbízó cég anyagi veszteségeit, mélyrepülést, esetleg csődöt is. Nem feltétlenül de vastagon benne van ez a lehetőség is az együttműködésben. Kedves olvasóm, ne vesse el annak a lehetőségét, hogy most e pillanatban is ön ellen, családja ellen vagy a

vállalkozása a vállalkozásában dolgozó önhöz közel álló emberek ellen éppen ilyen akna munka folyik.
Európa legnagyobb autó alkatrész ellátó központja is hasonló módon esett el. A vállalkozás kezdetén a vállalkozó megáldatta egy arra alkalmas személlyel a vállalkozását. Nőt, növekedett mígnem a legnagyobb lett. A tulajdonosnak a különleges autóját hatszor választották egymás után az év autójának. Egymásnak adták a kilincset az újságírók, akik autókról, sportról, természetesen autó sportról cikkeztek. Az ország minden területére ő szállította a legjobb alkatrészeket.
Ment előre a vállalkozása, mint a jégtörőhajó. (Vagy ezt a hajós hasonlatot már említettem párszor?) Ám egy napon úgy érezte, hogy kicsi a hely, nem elég a raktára az áruknak, és a belvárosban megvett egy régi gépgyárat és oda hurcoltatta az egész raktárat és minden ahhoz tartozó dolgát. Eladta a régi nagy külvárosi udvart ami egy mellék utcában volt egy másik vállalkozásnak ami azóta ott nagyra nőt. Ő maga pedig a belváros egyik nagyon jó helyén olyan hatalmas csarnokban nyitotta meg újfent az üzletét ami kezdetben kissé visszaesett a forgalmát tekintve.
Persze ekkor már a versenytársak is kezdtek megjelenni. A következő fél évben pedig nagyon keményen vissza esett a forgalom.
Már akadtak olyan napok is amikor egyetlen egy kipufogó dobot sem tudott értékesíteni.
Valahogy az áldás ott maradt azon a kis külvárosi helyen.
A költözés után két olyan manager is elment a cégtől a sokkal jelentéktelenebb konkurenciához akik jó kapcsolatokat ápoltak az addigi beszállítókkal. Így például nem hosszabbították meg szerződéseket a világ legjobb futómű alkatrész gyártói és a gátlókat is vissza kellett szállítani amiket az országban addig kizárólagosan forgalmazhatott ez a cég.
Én ha autóról van szó, csak azokat a gátlókat tenném az autóba.
Szóval ez a félév egy elhagyott áldás és az elhagyott áldás a belső információkkal bíró emberek elszivárgását okozta és végül el kellett adni a nagy raktárcsarnokot és még a százötven milliós házat ami mai értéken közelítene a milliárdos tételhez. Azóta a konkurencia is elvérzett. Az elcsábított és tekintélyes fizetést magáénak tudó managerek közül az egyik kerékpárokat árult egy multi cégnél ami azóta szedte a sátorfáját és kiköltözött Magyarországról. Most nem tudok róluk semmit de az eredeti cégnél még az udvaron gyorsulási versenyt rendeztek Impalával és Camaroval.
A sikerei csúcsán könnyen tud az ember önmagának olyan elismerést adni amitől kizárja annak a lehetőségét, hogy józan módon értékelje a sikerei külső és belső okait is.

„Dicsérjen meg téged más, és ne a te szájad; az idegen, és ne a te ajkaid." (Bölcs Salamon)

Sikeres tud lenni aki egy általa kedvelt területen elér bármit is. De mindig ott vannak az elől haladók nyomában a többi versenyzők akik ki tudja honnan és hogyan merítenek erőt a győzelem megszerzéséhez és hogyan törnek át olyan korlátokat amik eddig mögöttünk tartották őket. „Legyen meg az ég akarata"? Az ég duális. Ott van Isten és az ő egységes és legnagyobb országa. Olyan apparátussal és olyan szervezettséggel ami nem fog könnyen összeomlani. Erős és jól védet. És ott van a bukottak birodalma ami sok állvallást és állmegoldást kínál az embereknek. Nem egyszer a médiumokat azért fizetik meg hogy a konkurencia ne csak tönkre menjen hanem annak vezetői meghaljanak. Mivel ezek a gyilkosságok bizonyíthatatlanok, ezért mindig ezt a megoldást választják a legtöbben. Nem gondol erre az ember amikor a sikerei csúcsán van vagy éppen jó tempóban kapaszkodik felfelé. Pedig reális veszély és sokaknak ez a versenyszféra azt is jelenti, hogy a cél szentesíti az eszközt. Pedig továbbra sem eszköz a gyilkosság az okkult tevékenységek, hiszen egy előre lendülést vagy kettőt de akár hármat is adhat csak lehet, hogy az is korán hal meg aki használja. Valamiért nem gyakoriak a kilencven vagy száz éves emberek akik ezt az utat választják.

Ha valamilyen módon védelem alatt áll a célszemély akkor a közeli munkatársai vagy rokonai vannak még ott, akiket célpontnak használhatnak. Hogy egy ember puskával a kezében mesterlövész-e vagy orvlövész, azt mindig az az oldal dönti el aki használja vagy aki elszenvedi a lövéseket. Ilyen az okkult világ is. Szerelmi oldással és kötéssel kelletik magukat, Jövendő mondással, vagy tetszetős békevallások értelmetlen bölcsességeinek mantrázásával. De akinek van elég pénze és hinni is tud bennük azok számára nem csak a belső világbéke érhető el amíg rá nem lépnek a lábukra a buszon, hanem az ellenségeik korai halála. Egyszer csak rosszul érzi magát az ember, össze esik és meghal. A boncolásnál különböző okokat fognak papírra vetni. Ér elzáródáson keresztül a szívgörcsön át a figyelmetlen teherautó elé lépésig. Nagyon keményen meg kell fizetni ezeket a dolgokat és azon túl is nagy árat fizet a megrendelő de mégis sokan élnek ezzel a lehetőséggel.

Ez ellen az a legjobb védekezés, ha az ember tudatosan igazítja az életét Isten törvényeihez a legközelebb és bele áll két lábbal az ő ügyeinek segítő szolgálatába valamint egy állandó mediátort (papot) megbíz a folyamatos érdek képviseltetettel Isten előtt. Sok történet szól a világban és a Bibliában is, csodás, váratlanul jött segítségekről amikor a legnagyobb volt a baj. De van történet arról is amikor állandó képviseletet alakított ki a személyének valaki. Annak a királynak ugyan sok ellensége volt, sok dolog is történt körülötte ami meg akarta ingatni a hatalmát, saját fiai is megpróbálták elárulni de hatalma mozdíthatatlan maradt. Nincs ember aki ne vétkezett volna, és ő talán a legnagyobbat is elkövette, de a rossz döntését beismerve kártalanítani próbálta azokat akikkel rosszul bánt. Ezért megőrizhette pozícióját és halála napjáig az országa felfelé, előre tört.

Miért ne lehetne ezt megtenni egy politikai karrierben?

Vagy egy olyan cégnél ahol az emberek és utódaik még akár sok generáción keresztül élvezhetik annak gyümölcseit.

Hogy ne tudna akár egy kis semmiségből világra szóló multi cég létre jönni? Miért ne lehetne egy kis mellékutcában működő autóbontóból Európa legnagyobb autó alkatrész központja létre jönni?

Azért írom le ezeket, mert közel harminc év tapasztalatai és eseményein keresztül tudom ezt mondani. Láttam ezeket. Nem a szorgalmas és önsanyargató munka repíti az embert és a vállalkozását a legmagasabbra. Önmagukat saját rabszolgáikként kezelő zseniális ötletek vesznek most is el tízezrével a világpiacon. Akik fel tudnak emelkedni néha maguk sem tudják, hogy a sikerük igazi motorja mi. Persze megállapítható, hogy kik használják őket a háttérben. Mások csak egy családi megélhetést próbálnak biztosítani önmaguknak vagy a gyermekeik számára, hogy tudjanak majd élni és egyszer csak beindul a vállalkozás növekedése. Bizonyos korszakokban ezrével árasszák el őket a megrendelések és embereket kell felvenni, hogy teljesíteni tudják azokat, nagyobb helyre lesz szükség...stb Sok könyv szól a tudatos karrier építésről. Nagyon sok hasznos tanáccsal. Ám ezek szellemi háttere nincs megvizsgálva. Pedig fontos. Sokkal fontosabb, mint az, hogy milyen növekedési stratégiát dolgoz ki saját magának az ember. Látni lehet, hogy sokszor a legszerencsétlenebb, és a hozzá értésben legalacsonyabb színvonalon állók válnak milliomossá és az jár a luxus autóval aki az osztály legrosszabb tanulója volt. Ezért vállalom én magam is ezt a fajta mediálást.

Kik a győztesek?

Pál apostol Rómabeliekhez írt levele 9 fejezet

16

„Annakokáért tehát nem azé, aki akarja, sem nem azé, aki fut, hanem a könyörülő Istené."

Pál apostol itt a sikerről, az elsőségről az elért eredményekről ír, csak hogy világos legyen ennek az egy kiragadott mondatnak az értelme legalább háromféle szempontból.

Nem mindig az jut előre aki mindenért tisztességesen megdolgozott. Hanem az aki Isten akaratát elnyerte. Nem mindig az találja meg az aranyat aki a legjobb felszerelést birtokolja vagy a legmélyebbre tudott ásni, vagy éjjel és nappal kíméletlenül hajtotta magát. Ők csak korai temetést nyertek. Meg legtöbbször egy halálba idegesített és elhagyott családot. Mintha átok lenne rajtuk. Mindig sokat dolgoznak és mindig csak egy kicsit jutottak előre. Van aki elégedett a kicsivel is és van aki nem akart akkorát lépni amennyivel előrébb jutott. Nem munka függő.

Ez az egész kicsit a szőlő sorsára hasonlít. A jó borász, ugyanis elülteti a tőkének valót és metszőollóval időnként visszavágja. A Szőlő hamar termőre fordul és amikor növekedni kezd tavasszal a tőkétől egy vagy két csomóra visszametszi a vesszőket. A szőlő vesszőkön tíz, vagy húsz centiméteremként van egy csomó amiből ha odáig lemetszik az eredeti vesszőt ami ősszel elaludt, onnan új vesszőt növeszt. Ezek hosszúra ki tudnak nyúlni pár nap alatt és leveleket bontanak és a szőlő ehhez rengeteg energiát használ fel és rengeteg vizet vesz fel a földből. Amikor az első szőlő vagy a második szőlőfürt megjelenik akkor a szőlész (vagy borász) a fürt után elmetszi a vesszőt és nem engedi szét terjedni, tovább lombosodni és az erejét a növekedésnek adni. Hiszen amikor a növekedés foglalja le a szőlő minden energiáját akkor az a növekedés eloszlik a tőkében a vesszők hosszúságában, a levelek kiterjesztésében és a fürt növesztésében. De a borászatban vagy csak a szőlő felhasználásában egy nagyra nőt szőlő kicsiny fürtökkel nem ér semmit. Viszont ha nincs több levél mint ami feltétlenül szükséges, és annyi pont elég amennyi a fürt előtt vagy után növekszik eggyel vagy kettővel. Ettől a növényben a felpezsdült folyamatok minden energiát és az energiából szerzett hasznot a gyümölcs növelésére fordít, amitől szépek lesznek a fürtök, teli cukorral és ásványi anyagokkal. Nem veszik el a kert többi részétől a területeket és a napfényt. Minden egyszerre növekedhet körülötte vele. Néha nagyon nagyra felpumpált cégek kisebb és kevesebb sikert tudnak arányosan elkönyvelni mint más kisebb cégek ahol viszont a produktumra hajtanak és inkább jobbat adnak minden megrendelőnek mint sokat. De lehet értelmezni a bevételekre is a gyümölcsözést. Ha a minőség rovására megy a növekedés akkor jobb visszametszeni a megindult vesszőszálakat.

Persze a gyereknevelésnél is tökéletesen igaz ez, hogy a növekedésnek indult gyereket megfelelő eszközökkel korlátozzuk a csavargásban a semmit tevésben a szét terjeszkedésben és inkább ne legyen világot látott és inkább ne legyen minden mozifilmet megnéző, inkább ne a barátaival töltse az estéket és a délutánokat akik mellett esetleg olyan események is történhetnek amiktől szeretnénk megóvni, esetleg be kerülnek olyanok a társaságba akik azt a filozófiát vallják, hogy az életben mindent ki kell próbálni, meg nem árt ami nem öl meg hanem erősebb leszel tőle és esetleg nem tud ellenállni a kábítószernek, alkoholnak, lopásnak mert izgalmasnak találja ráviszik és rászoktatják...vagy bármi más.

Ugyanúgy vissza kell metszeni a gyereket mint a jó szőlő vesszőit. Inkább legyen kisebb másoknál de gyümölcsözőbb. Ettől természetesen azok a tulajdonságai erősödnek meg felnőtt korára amiktől súlya és tekintélye és íze és keletje lesz a személyiségének. És ilyenek a sikeres emberek. Minden területen tudnak jó gyümölcsöket teremni anélkül hogy beleszakadnának a nagyra növésbe. Lehet mellette mindenki jegenye nagyságú, vagy széles és „kopasz kigyúrt", ha közben a jól metszegetett gyerek kézügyessége jobb, vagy találékonyabb, szélesebb területen alkalmazható a megszerzett tudása. Jó mindent megtenni, de ettől még nem feltétlenül lesz sikeres is. Sajnos a világban való forgolódás és helytállás vagy tevékenység egy rossz eszme, világlátás elviheti az embert nagy sikerektől. Máskor pedig jobb lenne ha bizonyos sikerekben nem lenne része soha. És itt nem csak a kommunizmus ügyét forgató emberek sikerességét tudom felhozni példának akik végül egymást tették el az útból, hiszen más pártoknál és egyéb ügyeknél is előfordulnak ilyen iránytévesztések és nem a nemzeti szocialista ügyre gondolok amikért valószínűleg milliárdok rajongtak, és végül akik végezték a dolgokat azok ma a nemzetük szégyeneivé váltak. Rá lehet bízni Istenre, hogy kinek milyen sikert ad és miben. Viszont nem közömbös az ő számára az, ha valaki őhozzá húz, neki dolgozik, őrá nézve igazítja a saját dolgait.

A képviselet Isten előtt egy ügyben, egy cégnél vagy egy politikai pályafutás esetén, nem csak az ember rosszakaróinak beszédei és szervezkedései miatt van kitéve veszélynek és igényel állandó képviseletet.

Hanem azért is, mert ezek nem csak veszteségeket jelent, hanem akár a halálát is okozhatják.

Az ember esténként vagy reggelenként vagy csak úgy húsz percre ki tud kapcsolódni a világból és tud Istenre időt szánni és elé menni néhány megköszönni való ügy miatt. Vagy mindig van néhány folyamatban álló ügy is ami jó lenne ha olyan irányú kimenetelre tudna jutni ami előnyös. Lehet imádkozni az ember saját ellenségeiért. Magyarországon ha valaki fontos állásban van vagy cégnél, vagy vezet valamilyen vállalkozást, talán szeretne sikeres előadó művész lenni vagy olyan politikus akik a közjóért adnák az életüket, hamarabb találkoznak fenyegetésekkel, feljelentésekkel minit bármilyen sikerrel. Ez a téma önmagában nem egy olyan dolog ami húsz perc kibeszélést vagy egy egy óra egyéb képviseletet igényel. És különösen nem feltétlenül egyemberes kezelést. Különösen akkor ha tudjuk, hogy akik okkult erőket használva próbálnak lekönyökölni a pályáról bennünket azok nem egyszer az életünket így vagy tönkre tudják tenni vagy kiolthatják a szellemi világba való bekavarásaikkal. Néha még a halálnál is rosszabb, amikor a többmilliós autóból buszra kell szállni és ingyen ételosztásra kell menni, hogy valami meleg étel legyen a gyomrunkban és mellette végig kell nézni a család elvesztését és a feleségünk vagy a gyermekeink szegény sorba való lesüllyedését.

Az is útban van aki a csúcson van és az is aki éppen felfelé tör. Mindenkinek vannak ellenségei, még olyanok is akik a szemébe nevetnek és olyanok is akik naivitásból tesznek tönkre dolgokat. Tehát indokolt egy állandó képviselet fenntartása a legnagyobb bíró felé. Őt a saját ügyeivel és a saját törvényeivel mindig meg lehet keresni. Azt kell, hogy mondjam, hogy sokszor évek is elmehetnek az emberek életéből egy bizonyos siker megszerzéséért. Ám sokkal hamarabb meg lehet kapni azokat ha mindig van idő bemenni az ő kapuin, imával. De ezt nehezen tudja kivitelezni az ember akkor amikor saját magát képviseli. Ez kell és nagyon fontos is de amikor napi Tíz, tizen két vagy tizen négy órát tölt az ember munkával a fáradtság, a kimerültség az idegei feszültségben vannak még este is, alvásproblémák merülnek fel és legtöbbször pont az marad el ami mindent jó irányba terelne. Vagy ha nem marad el akkor pedig rossz a megközelítés és évekig nem történik az ügyben semmi. Maga a keresztény élet pont olyan erőfeszítéseket igényel, mint amikor az ember a munkája után órákat vagy napokat szentel a hobbyának és egész hétvégén csónakot lakkoz, vagy motort bütyköl vagy fest illetve vadászik. Nem lehet egy beosztottnak fél szívvel állni a munkájához vagy felületesen megközelítenie a főnökét, vagy úgy viselkednie mintha egy látogató lenne, aki csak beugrott köszönni, mert erre járt. Isten elé sem lehet úgy menni mint aki indul aludni csak beköszön és megnézi, hogy minden rendben van-e. Az nagyon nincs rendben. Isten megteremtette a világot, abban élünk és nem tudunk magunknak másikat csinálni. Tehát már ezért a hozzá állásunk döntő. Igen jól felszerelt bolygón élünk. Nem magunknak állítjuk elő a napfényt, a szelet, a lélegezhető közeget, és mind a vegetatív dekoráció, mind a körülöttünk található élelmiszereket biztosító ásványi anyagok, állatok is jó gazdálkodás mellett igen nagy bőségben állak rendelkezésünkre. Senki nem gyárt levegőt, senki nem gyárt vizet és senki nem gyárt növényeket, hogy gyümölcsözzön nekünk, hanem mindezeket felhasználjuk és gazdálkodunk vele. A kezdetek kezdetén Isten az egész bolygót a saját képmására megteremtett emberre bízta. Éljen vele, gazdálkodjon rajta, művelje a földet és őrizze is. Ezek fontos dolgok. Így van áram, élelem, víz, gázfűtés, acélipar, rántott csirke és forma egyes versenysorozat. Szóval belaktuk a földet és az mellett, hogy végezzük ösztönösen azt ami ránk van bízva sokszor túlzásokba is esünk. Elrontunk dolgokat, vannak akik ránk akarnak terjeszkedni és teljesen mást akarnak elérni mint amire megszülettek vagy mi azt szeretnénk. A férfiaknak hatalmat adott Isten ezen a bolygón és ezt sokszor egymás ellen is fordítják. Ki tegyen igazságot? Erre vannak a bíróságok amik megint értékes időt és pénzt visznek el. Ezekre nem szívesen költ senki. Kivéve aki abból él hogy pereket kezdeményez mindenki ellen a figyelemért a pénzért a hatalomért vagy azért mert igazságtalanság érte valamikor őt. Ahogy egy bíróságra sem megy papucsban az ember vagy pizsamában, (Igaz Jacko?) úgy Isten elé is illő módon a tőle elvárt állapotban és teljes szívvel és teljes figyelemmel kell járulni. Nyilván aki tudja, hogy nagy cége van az nem intézkedik saját maga hanem megfizet egy ügyvédet aki ismeri a szakmát és meg tud szólítani egy bírót és teljes ismerete van egy egy eljárást illetően. Ilyenek a papok akik az emberek ügyeit képviselik Isten előtt. Kisembereket és nagy embereket. Nem maga szerzi be a szükséges anyagokat a raktárnak vagy a gépek számára cég tulajdonosa, hanem megbíz egy beszerzőt. Egy politikus a döntéseiben nem maga jár utána bizonyos dolgoknak hanem meghallgat szakértőket és úgy hoz döntéseket. Ilyenek azok akik egy interperszonális mediációt folyamatosan el tudnak látni. Ide is kell a megfelelő szakértelem, és tudás. Nem voltak ismeretlenek a királyok és a főemberek de a gazdag emberek köreiben a saját magukhoz vett papok akik csak őértük imádkoztak és könyörögtek és a képviseltjeiktől kapták a fizetésüket. Természetesen nem ők jártak zsákruhában vagy mezítláb télen. Sokakról nem tud a történelem de maga a szentírás rendszeresen beszámol ilyenekről akiket hol papoknak hol pedig prófétáknak nevez az író. De tovább mondom, Ezeket sokszor Isten maga küldte el a királyokhoz üzenettel és nem egyszer ezért ők az életükkel fizettek. Néhány király életútjában pont az a próféta volt a király számára a legvisszataszítóbb ember aki figyelmeztető üzenetet adott át, hogy ebben vagy abban a bűnben ő már nem áll Isten védelme alatt, és volt olyan is amikor már az volt az üzenet, hogy tegye le a fegyvert az ellenség előtt. És persze ez a próféta lett a hazaáruló így a királyt elfogta az ellenség egy könnyű győzelem után és a szeme előtt végezték ki a gyermekeit és utána megvakították és úgy szedegetett a földről ételt magának négykézláb az asztal alól ha dobtak neki a legyőzői. Rossz hozzá állás Istenhez és az ő képviselőjéhez. De volt amikor a király megkapott egy üzenetet és azonnal engedelmeskedett annak és győzelemről, győzelemre kiverte a megszálló csapatokat az országból. Még keresztény körökben sem teljesen elterjedt ez a mediálás, csak azokon a helyeken ahol erre maguktól rájöttek az emberek. Ám szinte minden vallásban vannak példák amikor ilyen szolgáltatásokat évszázadokig vittek és eredményesen használtak. Amikről mai napság tudok azok közösségekért folynak váltott műszakban napi huszonnégy órán át és szinte minden kontinensen.

Napjainkban.

Azóta, hogy a középkori ember, vagy az ókori, valamilyen Istennek szentelte az életét és a legtöbben a bor és a szerelem (Szex) istennőjét választották voltak akik emberáldozatok árán vittek végig vállalkozásokat vagy ügyeket. Voltak akik a teremtőnek szentelték az egész életüket és mártírként ismerjük őket, de elmondható, hogy amiről az első fejezetben szóltam, hogy az embernek van egy olyan természete illetve olyan része amivel a természet felettivel áll kapcsolatban és ez a része nem szereti ha el van nyomva, és szeretne olyan jól működni mint a látás a hallás vagy a tapintás és szereti érzékelni a maga környezetét és ezt le tudja az ember degradálni olcsó szemfényvesztőknek kiszolgáltatva magát vagy egy rossz eszme miatt egy rossz célra fel tudja használni és hisz olyasmiben amivel Istennel való személyes kapcsolatot helyettesít. Ilyenkor ragadnak vallási fanatikusok fegyvert, hogy halomra mészároljanak keresztény gyermekeket és asszonyokat gyalázzanak meg. Vagy másik néphez tartozó embereket.
Persze Jézus Krisztus a mi korunkról szólt előre, hogy jellemezni fogja, hogy aki halomra öldököli az ő híveit az azt fogja hinni, hogy Istent tiszteli azzal.
Ám az Európai materialista, tudományt istenítő vallások, (igen a materializmus is egy vallás amelynek hívei korábban papokat és templomokban fellelt híveket lőttek halomra még a huszadik században.) nélkülöznek olyan sikerességet ami megvédhetné például a kultúrájukat. Persze eldobták a korábban Európát és Amerikát világhatalommá tevő kereszténységet. Ma már Kína és a közel-kelet szerez óriási befolyást ezeken a kontinenseken, mivel az emberek annyira felületes szellemi életet élnek, hogy pár hízelgő szóval le lehet őket tömegesen darálni és szolgává alázni. Egy kis matériával. Pénzel. Nem áll senki ott, hogy higgyen Istenben aki akár tízszer annyit is tud nekik adni mindenféle anyagi javakból vagy a kevesebben is boldogabbak tudjanak lenni. Idegen hitek és a materialista nem tud jó választ adni arra, hogy hogyan lehet megszerezni a boldogságot vagy az ember életének értelmét hogyan kellene végig vinni és megállni abban még viharokban is mint egy erős hegy ami a szelet is eltéríti ha kell és a viharokat nem engedi tovább.
Magyarország történelmének eddigi sikere és kudarcai ebben a hitben keresendőek.
Nem fogok rózsaszín buborékot ígérni. Nem fogok bűbájosságot vagy könnyen elérhető sikereket ígérni. Mindenkinek meg kell küzdenie azokkal az ellenségekkel amik őrá fenik a fogukat. Ám a megszerzett tudáson kívül a legjobb védőpajzs, a legélesebb kard,

a legkeményebb sisak, a legerősebb páncél, és a legjobb hadvezér Istennél várja az embert aki kész az élet harcaihoz rendelkezésre bocsátani ezeket és a háttérben olyan intézkedéseket tud eszközölni ami a javára fordít még elszenvedett károkat is annak aki hisz benne és annak aki napi ügy őnála és képes a javára használni idegen embereket vagy őt magát. Az élet harcait le kell folytatni mindenkinek de van egy nap, ezt személyes tapasztalatból mondom amikor el kell számolni mindenkinek az életével, hogy mit csinált, kinek mit tett, jót-e vagy rosszat. Óriási előny ebben a megítélésben is, ha Isten amikor mérleget készít az emberekről személyesen, hogy jót tettek vagy gyűlölködtek. Hogyan álltak az ő ügyeihez, az elesettekhez, a szükségben levőkhöz, ha látja, hogy a vizsgált ember számára használható maradt vagy teljesen megromlott. A megszerzett vagyonát vagy politikai hatalmát öncélúan a saját baráti körének előnyhöz juttatására használta csak vagy gondot tudott viselni a hatalmába eső területeken azokra akik abban foglalatosak. Egészségügyben az orvosok eszköztárára, képzésére vagy a nővérekére és a páciensek hozzá tudnak jutni a megfelelő orvosi ellátáshoz vagy maguknak kell az eszközöket beszerezni.....STB És ugyanez van a felhalmozott vagyonnál is. Van olyan tehetséges gyermek akik például jó bizonyos területeken és biztosítanak neki ösztöndíjat, vagy csak úgy fizetik neki a tanulmányait. Özvegyek és árvák kerülnek jobb sorba a gazdag ember által vagy szegények, koldusok jobban élhetnek egy cseppet. Történt már olyan, hogy sok gazdag embert ment az utcára télen ételt osztani míg a híres segélyszervezett csak oda állt a egy nagy piros jellel az oldalán és fényképeket készítettek. Szelfiztek, mintha ők osztanák az ételt és az utca végéig érő sorral impozáns és meggyőző cikkeket lehetett szerkeszteni. De nem akarom bántani őket. Igen komoly erkölcsi hátrányokat szerzett a mostani korunk a jelenlegi elszakadt állapotával Istentől és a hittől és a szentírás útmutatásától való elfordulással. Ezért sok dologgal kell küszködni amivel nem kellene. Nem mintha egy megszállás vagy egy háború könnyű lenne de mára eljutott a civilizációnk oda, hogy ő húzza magára a leigázóit. Szóval nem különb. Eddig sem voltak könnyű győzelmek de voltak nagyon nagy győzelmek és volt Európának több világuralomra szert tett nagyhatalma. A mai kor a multi cégeknél is megismétli ugyanezt a világuralmat. Kína is szeretné ugyanezt utánozni és a hatalmát a nagypolitikában érvényesíteni. És ma már nem hadseregekkel megy a hódítás. Hanem az üzlettel és az üzleti érdekeltségek védelmével. Nagy cégek törnek fel és ma már a nagy cégek a politikát is finanszírozzák. A politikusok és a nagy cégek mögött állnak olyan szellemi erők amik nagy tömegeket tudnak elnyomni egy emberen keresztül vagy felemelni. Hogyne lenne szükség a leges legnagyobb erővel való szövetségre.

Ezért, kedves olvasóm, akár az ön személyes törekvéseinek és ügyeinek képviseletét is szívesen vállalom, amennyiben ez a rövid leírás meggyőzte önt és szeretné ezt a képviseletet és nem ijed meg akár egy kisebb életmód változtatástól sem.
Isten nem lett az évezredek alatt kisebb vagy gyengébb. Nem lett korlátozott, hanem az emberiség ezen az égtájon élő részét mérgezték rossz, Istentelen eszmék. Kérem döntsön, bátran és személyes megkeresését szeretettel várom.
Interpermedia@gmail.com

Printed by Books on Demand GmbH, Norderstedt / Germany